머리가 아닌

가슴으로

읽고

보기를
．
　．
．

내일도, 미래도, 행복도 보인다

일월 지음

| 서문 |

인간은 자신이 경험한 것만큼만 안다

내가 처음 수행을 시작한 때에는 앞으로 TV, 휴대폰 세상이 된다고 말하는 사람을 미친 소리 하는 정신 이상자로 취급했다. 그러나 불과 몇십 년이 지난 후 지금은 TV, 휴대폰 없이는 못 사는 세상이 되었다.

요즘 사람들은 휴대폰을 손에 들고 세계인과 화상통화를 하면서 자신들은 세상에서 모르는 것이 없고 최고의 지능을 가진 인간이라고 자부하고 있다. 그러나 그들은 비바람 태풍을 뚫고 자신의 얼굴과 목소리, 색깔, 소리가 먼 거리를 어떻게 빠르게 가는지 알지 못한다. 눈도 날개도 없고 손에 잡히지도 않는 전파가 어떻게 비바람 태풍 속을 뚫고 가 70억 인류 중 내가 원하는 사람에게 정확히 전달되는지 그것을 충분히 이해하고 휴대폰을 사용하는 사람은 없다. 그것은 전파를 발견한 과학자만이 알 것이다.

사람들은 비행기가 집만 한 무게를 싣고 스스로 땅에서 공중으로 떠오르고 또 스스로 땅에 나비같이 내려앉는 것에 관해 설명하지 못한다. 그것은 비행기를 만든 과학자만이 알 것이다. 사람들은 눈에도 잘 보이지 않는 작은 씨앗 속에 어떻게 그 거대한 종류의 열매와 잎들이 들어있는지 설명하지 못한다. 어린이들도 사용하는 휴대폰 속에 얼마나 많은 자료와 정보가 어떻게 들어있는지 이해하지 못하고 설명하지 못한다. 그냥 사용방법만 배워 사용하고 있는 것뿐이다.

현대인들은 자신 앞에 닥칠 사고와 불행을 모른다. 마주 앉아 대화하고 부부가 같이 살아도 서로의 생각과 마음을 보지 못한다. 서로의 마음속에 비밀과 부끄러움이 있는 것을 모른다. 의학과 과학이 최첨단으로 발달해도 사람들은 언제 어떤 병에 걸려 죽게 될지 몰라 불안공포 속에서 살고 있다.

옛날에도 지금도 신기술, 신제품을 발명하고 새로운 진리와 사상, 학문을 찾아낸 사람들은 모두 그 시대에 무지한 사람들로부터 정신이 이상한 사람, 헛소리하는 사람으로 비난과 공격을 받았다. 그러나 세상은 그런 정신이 이상한 사람이라는 비난과 공격을 받던 사람들로 인해 움직여지고 발전해왔다. 그리고 시간이 지나면 비난, 공격했던 사람들은 그 발명품들을 사용하며 편하게 살고 있다.

인간은 누구나 자신이 배우고 경험한 것만큼만 알게 되어 있다. 모르는 것에 대해서는 비난, 비판, 공격하는 것이 인간의 속성이다. 그렇기에 남의 것을 비난, 비판, 공격하는 것은 앞일을 모른다는 무지의 표현일뿐이다. 이런 사람들의 말이 의미와 가치가 있을까?

앞일을 모르는 무지보다 더 큰 죄는 없다

나는 세상 사람들이 한 번도 들어보지 못한 내용을 말하고 강의하여 정신이 이상한 사람이란 소리를 많이 들었다. 그것을 나는 고맙게 생각한다. 내가 하는 말과 강의 내용이 수행을 심도 있게 해보지 못한 사람들이 들어서 이해가 되고 믿어진다면 내 수행이 잘못된 것이다.

무지한 사람들은 지금 과학기술이 꽃 피었다고 말한다. 인공지능 로봇이 어디까지 발전할지 알지 못한다. 그러나 나는 과학

기술, 로봇발전은 이제 새싹이 돋는 봄이라고 말한다.

미래는 사람들이 믿든 안 믿든 '병이 뭐야?', '가난이 뭐야?', '사고가 뭐야?' 하는 날이 온다. 인간수명이 빠르게 늘어나 수천 살을 사는 세상이 온다. 사람 몸이 움직이고 먹는 대로 만들어지듯이 사람 수명이 수행에 따라 무한대로 늘어나는 변화를 체험할 수 있게 된다. 미사일, 핵무기를 고철 쓰레기로 만들어버릴 기운이 왕성한 세상이 온다. 유무형이 하나 되는 세상이 온다. 그리고 자신의 앞일을 맑은 물속에 물고기를 보듯, 거울 속에 자신의 얼굴을 보듯 보면서 사는 세상이 곧 이루어진다. 인간이라면 누구나 가난, 병, 무지의 천적을 알게 되고 앞일을 모르는 것이 죄 중의 죄라는 것을 알게 되는 때가 온다.

세상은 빠르게 발전하고 변해가는데 원시적인 생각에 집착하고 있으면 안 된다. 앞일을 모르는 무지보다 더 큰 죄는 없다. 앞으로는 자신의 앞일, 미래 일을 모르는 것이 정신이 온전하지 못한 사람이란 것을 알고 확인하게 된다.

지금도 선과 양심을 알고 순리대로 사는 사람은 영감, 예감, 직감으로 자신 앞에 닥칠 앞일을 아는 사람들이 많다. 이런 사람들은 남을 속이고 해치고, 비난, 공격하지 않는다. 자신의 말과 행동이 자신과 자식, 후손들에게 갚아야 할 빚으로 돌아간다는 것을 보고 알기 때문이다.

그러므로 남을 속이고 해치고 비난, 공격하는 사람들은 한 치 앞에 닥칠 앞일을 모르는 사람들이다. 이런 사람들은 가슴속에 선과 양심은 없고 먹고 배설하고 짝짓기하는 본능만 있다. 자신의 한 치 앞에 닥칠 앞일을 모르는 사람이 세상일을 안다고 말하는 것이 무슨 의미가 있을까? 지리산에 개미 한 마리가 지리산을 안다고 말하는 것과 무엇이 다를까?

책을 내며 이 책을 읽는 독자들에게 당부하고 싶은 말이 있다. 이 책의 내용은 내가 평생을 어렵고 힘들게 수행하면서 보고 느끼고 알게 된 것을 쓴 것이니 다른 오해와 추측은 없기를 바란다. 그리고 이 책은 머리로 읽지 말고 가슴으로 읽기를 바란다. 머리로 읽으면 궁금증만 생기고 의심만 늘어날 것이다. 머리는 부정적인 생각을 하지만 가슴은 진실을 알고 느낀다.

세상 모든 것에는 원인이 있다. 눈에 보이는 것이 있으면 눈에 안 보이는 것이 반드시 있다. 가슴으로 읽고 대화하는 사람은 앞일을 알 수 있는 사람이다.

2019. 11. 11. 일월

| 차례 |

서문 ˙6

프롤로그 ˙14

1장　수행의 첫걸음
　　　　어머니와 단둘이서　˙22
　　　　세상 구경 – 힘으로 통하는 세상　˙26
　　　　세상 구경 – 모두가 가난했던 시절　˙29
　　　　다시 집으로　˙34
　　　　수행의 어려움　˙38
　　　　시대의 어려움　˙42
　　　　긴 잠을 자는 노부부　˙47
　　　　잠자는 것이 가장 행복하다　˙51
　　　　한 노인과 만남　˙54
　　　　돌아가신 지 40년 된 노인　˙59

2장　수행의 어려움과 위기
　　　　수행 생활의 외로움　˙64
　　　　수행 최고의 위기　˙69
　　　　생명의 은인, 명길 할아버지　˙75
　　　　옥천 아가씨의 도움　˙79
　　　　내 생에 가장 큰 슬픔　˙84
　　　　외로운 새 한 마리　˙89
　　　　광산 일　˙94
　　　　사고는 그 누구도 예외가 없다　˙98

3장 수행정성의 진정한 의미

생각의 차이 · 106
쌓이고 쌓이는 궁금증 · 112
어머니가 보여주신 정성 · 118
비바람이 싫은 이유 · 122
나약하고 어리석은 생각의 깨우침 · 127
누가 가져다 놓았을까? · 133
절 생활의 시작 · 139
절에서 봄, 여름, 가을, 겨울 · 144
긴 잠을 자고 일어나다 · 149

4장 네 생각대로 될 것이다

절을 떠나며 · 158
네가 생각한 대로 될 것이다 · 161
서울행 · 166
궁금증을 풀 기회 · 172
수락산 수행 · 178
마음과 생각으로 통하는 사람들 · 182
말로 다 할 수 없는 기쁨과 행복 · 187
밝은 태양 빛 아래 있는 것 · 192

에필로그 · 199

부록 일월 강의 "인간은 창조적인 지혜를 가지고 있다." · 204

| 프롤로그 |

인류의 오랜 노력에도 불구하고

 인류는 기나긴 세월을 살아오면서 가난과 병, 앞일을 모르는 일로부터 해방하여 자유와 평화를 누리며 행복하게 살기 위해 노력해 왔다. 각 분야의 전문가들은 이를 위해 기나긴 역사 속에서 수많은 연구와 노력을 했다. 그리하여 학자는 인간이 무병으로 장수하지 못하고 부자로 잘 살지 못하는 이유를 배움의 부족으로 보고, 과학자들은 기술 부족으로 보고, 철학가들은 사주팔자 탓이라고 보고 말한다. 또 종교는 믿음과 정성 부족이라고 하고, 농부는 부지런히 일하지 않아서 그렇다고 생각하고 있다.
 그러나 각 분야의 전문가들이 오랜 세월을 연구하고 노력해 왔음에도 그 분야의 전문가들도 병으로 아프고 병으로 죽고, 먹고 입는 것에 매여 살고, 잠시 후면 사고로 죽게 될 차, 배, 비행기를 타거나 화재와 사고로 죽게 될 건물 속으로 들어가 불행한 일을 당하며 살고 있다. 서로가 믿지 못해 의심 불신하고 손해 보고 실패하고 후회할 일을 하면서 살고 있다. 이를 보면 각 분야의 전문가들이 말하는 것이 정답이 아니라는 것을 알 수 있다.

쥐는 수백, 수천 미터 깊은 땅속에서도 땅이 무너질 것을 알기 때문에 똑똑한 광부들은 광산지하에 들어갈 때 쥐를 가지고 들어간다. 소는 미련한 짐승이라고 하지만 수백 가지 풀 중에 독초를 가려먹고 도살장 앞에서 안 들어가려고 버티고 눈물을 흘린다. 인간이 만든 내비게이션은 100~200m 앞에 있는 속도 측정 카메라를 미리 알고 운전자에게 말해주고, 병원 기계들은 인간 몸속을 사진 찍어 보여준다.

인간이 소와 쥐보다도 앞일을 모르고 인간이 만든 기계보다도 앞일을 모르는데 어떻게 인간을 만물의 주인이라고 말할 수 있을까? 이제 곧 인간이 인공지능 로봇의 노예가 될 미래가 다가오는데 여전히 인간을 만물의 주인이라고 말할 수 있을까? 인간은 이제 자만과 교만에서 깨어나야 한다. 쥐나 소를 보고 부끄러운 줄 알아야 한다.

인류가 가난하고 불행한 일을 당하며 살아온 원인

우리 부모님들, 선조 조상님들은 역사적으로 931번의 침략과 학살이라는 참혹한 비극과 불행을 당하며 살아오셨다. 왜 이와 같은 가슴 아픈 일을 당하며 살아오셨을까? 원인은 여러 가지가 있겠지만, 첫째 앞일을 몰라서, 둘째 가난하고 힘이 없어서라고 생각한다. 다음으로 앞일을 모르는 가운데 대비하지 않고 설마설마하는 안일한 생각에서 당했다고 생각하고 싶다. 어느 누가 침략과 학살을 좋아서 당하는 사람이 있겠는가.

나는 전국 방방곡곡을 다니며 수행을 통해 인간이 삼라만상, 만물의 주인이라는 것을 체험하고 확인했다. 그리고 만물의 주인 인간이 자유와 평화를 누리고 행복하게 살지 못하고 두 눈이 있어도 두 눈 없는 것과 같은 처지에서 사는 것은 자신의 지혜를 찾아내 사용하지 못하기 때문이라고 결론지었다. 옛날 사람들이 전파가 있는 것을 알지 못해 TV, 휴대폰 없이 불편하고 힘들게 살아왔던 것처럼 말이다.

인간이 쥐와 소, 기계와 같이 앞일을 아는 지혜로운 인간이 되기 전까지는 억울한 일, 가슴 아픈 일, 불행한 일을 당하며 살 수밖에 없고, 인간의 천적인 병에서 벗어나 무병으로 편하게 살기는 어렵다.

　나는 '가난은 죄'라고 말한다. 가난하게 사는 것은 축복이 아니라 죄다. 인간은 먹고 입는 것에 매여 가난하게 살기 위해 태어난 것이 아니다. 가난이 죄라는 말은 돈 없이 은행, 호텔, 백화점, 병원, 세계여행을 가보면 알 수 있다. 세계 그 어디에도 가난한 노약자를 영웅 황제처럼 예우하는 곳은 없다.

　가난한 나라는 바다와 육지, 하늘로 침략자가 현대화된 고성능 무기를 가지고 쳐들어오면 당할 수밖에 없다. 당하지 않으려면 상대보다 더 질 좋고 성능 좋은 신형 무기를 가지고 하늘, 바다, 육지를 지켜야 한다. 그런데 현대화된 신형 무기를 가지려면 첫째, 두뇌가 우수한 기술자가 있어야 하고, 둘째, 무기를 만들거나 사들일 돈이 있어야 한다. 셋째, 앞일을 내다보는 지혜가 있어야 한다. 그래야 침략자를 막고 자유와 평화를 누리며 안전하고 행복하게 살 수 있다.

　인간들이 살아가는 세상에 경쟁이란 없어지지 않는다. 전쟁 또한 없어지지 않는다. 경쟁과 폭력, 전쟁이 지구상에서 없어지려면 세계인 모두가 선과 양심대로 살고 순리대로 살아야 한다. 그리고 오색인종이 하나에서 출발한 가족, 형제임을 알아야 한다. 오늘날 세계는 한 가정을 크게 확대해 놓은 것이다. 세계를 작게 축소하면 한 가정이 된다. 이 사실을 전 세계인이 인식하고 깨달아 실천할 때 비로소 지구촌이 화목한 가정처럼 하나가 될 것이다.

원인 없는 결과는 없다

원인 없는 결과는 존재하지 않는다. 목적 없는 것은 존재하지 않는다. 존재하는 모든 것은 원인과 목적이 있다. 흘러가는 물도 흘러가는 역사도 원인과 목적이 있다. 인간이 이 세상에 태어난 것도 그 원인과 목적이 있다.

세상은 양지가 있으면 음지가 있다. 높은 곳이 있으면 낮은 곳이 있고 강한 것이 있으면 약한 것이 있다. 태양과 달이 있고 밤과 낮이 있듯이 인간도 양과 음의 합성체다. 남자에게도 여자의 마음이 있고 여자에게도 남자의 마음이 있다. 한 인간의 마음에도 선과 악이 함께 공존한다.

인간의 생각, 마음, 육신을 크게 확대해 놓은 것이 지구, 우주이고, 지구, 우주를 작게 축소하면 인간이 된다. 그래서 인간을 소우주라고 하기도 한다. 사람들은 모르지만, 인간의 두뇌와 생각, 힘과 능력은 무궁무진하다. 빛의 속도가 아무리 빨라도 인간의 생각보다 빠르지 않고, 바다와 우주가 아무리 깊고 넓어도 인간 마음 그릇에 비할 바가 못 된다.

전파가 없는데 과학자가 전파를 만들어 낸 것이 아니다. 전파는 그 옛날에도 있었지만, 사람의 지혜와 기술 부족으로 찾아내지 못해 사용하지 못한 것이다. 가난과 병의 천적, 앞일을 아는 방법도 죽음과 같은 수행 연구와 노력, 정신세계의 발전으로 이제 찾아진 것이다.

역사는 계속 흘러간다. TV, 휴대폰 없이 살았던 시대에서 지금의 세상이 발전하고 편해진 것보다 앞으로 미래세상은 지금보다 100~1,000배 이상 좋아지고 편리해지는 세상이 된다. 앞일을 모르면 살 수 없는 세상이 된다. 순리와 수행을 모르고는 살 수 없는 세상이 된다. 순리를 알고 수행해야 앞일을 아는 지혜인이 되기 때문이다. 미래는 앞일을 아는 지혜인만이 사는 세상이 된다.

1장

수행의 첫걸음

어머니와 단둘이서

내가 태어난 출생지는 제천 의림지 모산이다. 나는 이것을 어머니에게서 들어 알고 있다. 어머니께서는 내가 태어난 곳에 관해 물을 때마다 자세한 대답을 해 주시지 않았다. 그냥 나의 출생지는 제천 의림지 모산이라는 말만 하셨다. 그리고 어머니의 출생지도 같은 곳이라고 하셨다. 이 외에 내 출생지에 대해 들은 것은 없다.

무슨 연유로 제천에서 수원으로 이사 와 살게 되었는지는 모른다. 어머니께서는 수원 시장 내 작은 가게에서 바느질하시며 나를 보호하시고 공부하게 도와주셨다. 나는 수원 시내에 있는 초등학교에 입학은 했지만 금세 학교를 그만두었다. 그리고는 한문책 몇 권을 보자기에 싸서 어깨에 메고 수원시 부근 산을 찾아다니며 한문 공부를 했다.

나는 어머니와 단둘이 살았기 때문에 어머니께서 살아오신 옛이야기를 많이 들을 수 있었다. 나는 할아버지 얼굴을 보지 못했지만, 어머니로부터 할아버지에 대한 말씀을 많이 들었다. 어머니는 할아버지에 대해 말씀하실 때마다 눈물을 흘리곤 하셨다. 할아버지는 사랑과 인정이 많은 분이시고 딸인 어머니를 무척 아끼고 사랑하셨던 것 같다. 어머니는 말씀하셨다.

"할아버지는 매우 부지런하시고 지혜로운 분이셨어. 할아버지는 이 엄마의 안전만을 위해 애쓰셨지. 엄마는 할아버지의 지혜 덕분에 그 어려운 시대에도 다른 사람들에 비해 비극적인 일이나 고통을 덜 당하며 살았단다. 그런데 나라가 힘이 없으니 끝내는 억울한 누명을 쓰고 잡혀가 돌아오지 못하고 돌아가셨단다."

어머니는 할아버지가 잡혀가는 것은 보았지만 돌아가시는 것은 보지 못해서 그것이 한이 된다고 하셨다.

어머니가 본 세상은 힘없고 어리석은 자들이 노예같이, 짐승같이 억울하게 죽고 자기 것을 지키지 못하고 빼앗기며 사는 세상이었다. 그러나 어렵고 힘들고 고통스러운 세상에서도 지혜가 있는 사람들은 억울한 죽임을 당하지 않고 자기 것을 지키며 안전한 길을 찾아 대비하며 살았다고 하셨다.

"엄마는 지혜도 힘도 없는 나약한 어린 여자였어. 그래서 할아버지가 억울한 누명 쓰고 끌려가는 것을 보고도 구하지 못했지. 엄마가 나약한 여자로 태어나 할아버지께 불효하며 산 것이 너무 가슴이 아프구나. 엄마가 지혜와 힘이 있었더라면 할아버지를 구했을 텐데."

어머니는 어렵고 아픈 시대를 사셨다. 어머니는 옛이야기를 하실 때마다 내게 당부하셨다.

"아들아, 너는 엄마 마음에 들게 살려고 하지 말고 무엇이든지 네가 꾸는 꿈을 위해 하고 싶은 것을 하며 살아라. 지금은 어려운 환경에서 엄마와 단둘이 살기 때문에 외로울지 모르지만, 이 세상 사람 모두가 우리 가족이고 형제란다. 세상 어른들은 모두 너의 부모이고, 너보다 나이 많은 젊은 청년들은 너의 형과 누나들이야. 그리고 너와 나이가 같으면 친구이고, 너보다 어리면 동생들이야. 그러니 외로워 마라. 그리고 싸우지 마라. 이 세상 사람 모두는 우리 가족이란다. 엄마는 바느질하는 일이 아주 행복해. 돈 벌고 먹고 살기 위해 바느질한다고 생각하지 않아. 가족들의 옷을 만들어 준다고 생각하지. 그러니 일이 기쁘기만 하단다."

그리고 또 말씀하셨다.

"아들아, 너는 커서 무엇을 하든 앞일을 아는 지혜로운 사람이 되어라. 돈 벌려고 생각하지 마라. 재산 가진 것을 보고 부러워하지 마라. 권력, 힘 있는 것을 부러워하지 마라. 지혜로운 사람이 제일이란다. 네가 알고 본받아야 할 분들은 이이난, 제갈공명, 서산대사, 사명대사, 이순신 같은 지혜로운 분들이야."

나는 알고 있다. 어머니가 늘 꿈꾸고 바라는 것은 우리나라가 다시는 비극적인 침략과 학살을 당하는 일 없이 잘 사는 힘 있는 나라가 되는 것이라는 것을.

어머니가 나에게 옛이야기를 해 주실 때마다 나는 어머니 말씀을 듣는 것이 좋았다. 어린 나에게 그 이야기들이 모두 이해되는 것은 아니었지만, 어머니와 함께 있는 것이 좋았다. 나는 어머니의 말씀처럼 앞일을 아는 지혜로운 사람이 되기를 결심했다.

세상 구경 - 힘으로 통하는 세상

내가 어릴 적 그 시대는 세상에 어떤 일이 일어나고 생기는지 길거리에 나가 사람들을 만나야 세상 소식을 알 수 있었다. 사람을 만나지 않고는 세상에서 일어나는 일을 알 수 없었다. 그때 세상은 아주 무서웠다. '사람의 간 3개를 먹으면 문나 병이 낫는다'는 말이 있어서 문나이가 어린아이들을 잡아간다고 했다. 가족들이 집 나가 안 들어오면 죽었는지 살았는지 알 수 없는 세상이었다.

하지만 어머니께서 나에게 꿈을 위해 하고 싶은 것을 하면서 살라고 하셨기에 나는 용기를 내어 집을 떠나 세상 구경을 하기로 마음먹었다. 어머니 말씀을 따라 세상 사람들을 모두 가족이라고 생각하고 사람들이 살아가는 모습을 많이 보다 보면 생각이 넓어지고 지혜로워질 것으로 생각했다. 어머니 곁을 떠나고 싶지는 않았지만, 한문 공부를 하러 산에 간다고 하고 어머니 곁을 떠나 전국을 돌아다녔다.

내가 본 세상은 무질서했다. 선과 양심, 그런 것은 없고 뭐든 힘으로 통했다. 좋은 것을 가지고 있어도 힘이 없으면 빼앗겼다. 힘이 없으면 의심과 불신을 받고, 때리면 맞고, 맞다가 죽어도 그만이었다. 내 눈에는 힘없는 약자들이 당하는 것만 보였다. 세상은 오로지 돈과 힘만이 법이었다. 마치 산속에서 짐승들이 약육강식의 법칙으로 사는 것과 같았다. 나는 생각했다. 이런 세상에서 어머니는 왜 세상 사람 모두를 가족으로 생각하라고 하셨을까?

어머니 곁을 떠나오니 모든 것이 고생이었다. 떠나올 때 어머니가 주신 보리쌀을 빻아서 만든 미숫가루가 있어서 배가 고플 때마다 물에 타 마시면 허기는 면할 수 있었다. 지금은 한국 땅 전역이 산천의 오염으로 마음 놓고 마실 수 있는 깨끗한 물이 없지만, 그 시대에는 한국 땅 어디를 가든 물만은 마음 놓고 편하게 마실 수 있었다. 그 시대에는 농약이란 말 자체가 없었다. 길 가다 소 발자국에 고인 물도 먹었다.

먹을 것을 나누어 먹는 인심은 후했다. 길을 가다 밭에 들어가 오이와 참외를 따 먹어도 주인이 말하지 않았다. 논과 밭에서 일하던 사람들이 모여 앉아 새참을 먹을 때 길을 가다 마주치면 먹고 가라고 불렀다. 밤이 되어 아무 집에나 들어가 하룻밤 재워 달라고 하면 재워주고 배가 고프다고 하면 먹을 것도 주었다.

길가는 나그네에게 먹을 것을 주고 잠을 재워주는 곳은 농사지으며 가난하게 사는 사람들이었다. 돈과 재산이 많은 집은 담이 높고 대문이 있어서 들어갈 수 없었다. 혹 문이 열려 있어 들어간다 해도 먹을 것을 주지 않고 재워주지도 않았다. 그 시대는 돈과 힘이 있는 부자들의 생각과 말이 법이었고 그것이 동네마다 지역마다 통했다.

세상 구경 - 모두가 가난했던 시절

내가 온종일 걸으면 약 3백 리 정도 될 것이다. 그 시대는 나만 걸어 다닌 것이 아니고 돈과 논밭이 없는 서민들은 모두 걸어 다녔다. 동네 사람들이 며칠에 한 번 서는 장에 가려면 가깝게는 10리, 멀게는 100~200리를 걸어가야 했다. 왕복 200~400리 길이다. 그래서 장에 가려면 새벽에 출발해 밤중에서나 집에 돌아올 수 있었다.

그 시대는 요즘과 같이 손전등이 없었다. 그래도 어둡고 험한 산길을 걸어 집으로 찾아왔다. 눈비 오는 날이면 지금과 같은 비옷이나 우산이 없어서 그냥 비를 맞고 걸었다. 그 시대는 부자들은 명주실로 짠 비단옷을 입거나 외국에서 수입해서 입었지만, 대다수 사람은 칡이나 닥나무로 만든 광목옷을 입었다.

속옷도 없이 겉에 하나만 입기 때문에 그 시대 사람들의 살가죽은 거칠고 두꺼웠다.

서민들은 속옷과 겉옷이 따로 없었다. 서민들은 칡과 닥나무, 더러는 목화로 실을 만들어 각자의 집에서 옷감을 짜 옷을 만들어 입었다. 광목옷이란 요즘의 모기장같이 구멍이 뚫려 있다. 옷을 입어도 살이 보이고 비를 맞으면 옷이 살가죽과 달라붙어서 옷을 안 입은 것 같거나 알몸이 다 보였다.

그 시대는 지금과 같이 옷이 많지 않았기 때문에 겨울이 되면 추워서 얼어 죽는 사람이 많았다. '소한, 대한 추위가 지나가면 얼어 죽을 내 아들딸이 없다'라는 말이 유행했다. 요즘 TV를 통해 보도되는 밀림 속 원시인들이 사는 곳은 한국과 같은 사계절이 없으므로 옷을 입지 않고 살아도 추워서 얼어 죽는 사람은 없다. 그러나 한국은 24절기가 있을 만큼 기후가 다양하고 변화가 많다.

그 시대는 집에서 모든 것을 다 해야 하므로 자연히 황소같이 일하지 않으면 살 수 없는 생활이었다. 그때는 지금과 같이 남의 살을 보는 것을 호기심으로 생각하지 않았다. 한여름에 농사일하다가, 혹은 길을 가다가도 더우면 남녀 가리지 않고 흘러가는 물에 옷 벗고 들어가 목욕을 했다.

그 시대는 동네마다 우물이 하나씩 있어서 옹기에 물을 담아 여자들은 머리에 이고, 남자들은 지게로 져다 먹고 살았다. 그래서 요즘 같이 집에서 세수하고 손발 씻는 것은 생각도 못 했다. 치약이 없어서 소금으로 이를 닦고 소금이 없는 집은 개울의 고운 모래나 나뭇잎으로 닦았다. 요즘과 같이 부드러운 휴지가 없어서 뒤를 보고 짚이나 풀로 닦았다.

요즘과 같이 그릇이 흔하지 않고 부잣집은 놋그릇, 가난한 집은 옹기와 바가지가 전부였다. 가족 수대로 따로 밥을 퍼서 먹는 것이 아니고 5명~10명의 밥은 큰 바가지에 담아서 숟가락 하나씩 들고 원형으로 둘러앉아 먹었다. 그 시대는 소금, 된장도 풍부하게 먹을 수가 없었다. 그래서 소금장수를 큰 장사꾼으로 여겼다.

적은 양을 가지고 온 식구가 먹기 때문에 철없는 아이들은 너무 많이 먹어서 배가 나오고 어른들은 아이들에게 양보하느라 늘 배고프게 살았다. 그 시대에는 '아이들은 너무 많이 먹어서 배 터져 죽고 어른들은 굶어 죽는다.'라는 말이 유행했다. 그 시대 가난한 사람들이 먹은 것은 요즘 미숫가루 한 숟가락보다 작고 영양이 없는 것을 물 한 바가지에다 타 먹기 때문에 물로 배를 채운 것이나 다름없었다. 밤이 되면 온 가족들이 한 방에서 광목으로 만든 이불 하나를 덮고 잤다.

요즘 사람들은 불과 70~80년 전 사람들의 생활에 대해 상상의 날개를 펴도 상상할 수 없다. 그때는 원시인 아닌 원시인처럼 살았다. 자신이 태어난 동네에서 동네 사람과 결혼하고 동네에서 죽었다. 같은 동네에서 태어나고 죽는 것을 대를 이어 반복하면서 살았기 때문에 요즘도 시골에 가면 같은 성씨들이 모여 있는 동네가 있는 것을 볼 수 있다.

한국 땅이 미국 50개 주 중 하나보다 작다고 하지만 걸어서 전국을 도는 데는 몇 달로는 부족하다. 지역마다 이름 있는 산이 있어 그 산에 가서 수행도 하면서 전국을 돈다면 1년 이상이 걸린다.

요즘이야 지나가다 걸리는 것이 사람이기 때문에 부딪히면 싸우려 하고 원수같이 여기지만, 그 시대는 온종일 걸어가도 사람 한 명 못 만날 때가 많았다. 지나가다가 사람을 만나면 서로 반가워하고 어디서 왔느냐, 어디로 가느냐 묻고 인사했다. 그리고 서로 헤어지기 아쉬워했다.

전국을 돌며 힘들게 고생은 했지만, 사람들이 살아가는 모습을 보고 느끼면서 배운 것도 많았다. 가끔 사람들을 만나 이야기를 하면 어른들은 내게 말했다. "아직 청년도 아니고 소년으로 보이는데 말하는 것은 어른들을 부끄럽게 만든다."라고 했다.

또 어떤 사람들은 "왜 어린 나이에 혼자 그렇게 다니냐?"고 묻기도 했다. "산에는 늑대가 많고 멧돼지, 다른 짐승들도 있고 밤이 되면 산과 서낭당에 귀신이 나온다는데 무섭지 않으냐?"고도 물었다. 그러면서 "고생하지 말고 자신들처럼 살라"고 조언하기도 했다. 나는 어머니와 약속한 것이 있으므로 그렇게 할 수 없다고 말하고 싶었지만 말하지 않았다.

이렇게 집을 나와 있으면 어머니에게 소식을 전할 길이 없었다. 그래서 어머니가 보고 싶고 안부가 궁금할 때는 수행하면서 어머니에게 마음을 보내기도 했다. 그러면 어느 때는 영감으로 알게 되고 잠잘 때 꿈에서 궁금증을 듣게 되기도 했다. 간절히 원하면 꿈에서 볼 수도 있다. 몸은 각각 떨어져 있어도 마음은 꿈에서 상봉할 수 있다.

다시 집으로

수행하면서 전국을 한 바퀴 돌아보니 어느덧 2년이란 세월이 흘렀다. 집에 오니 어머니께서 아주 반갑게 맞아주셨다. 그리고 제일 먼저 먹을 것은 어떻게 해결했는지, 잠은 어떻게 자고 옷은 어떻게 해결했는지 물으셨다.

"먹는 것은 동네를 다니며 얻어서 먹기도 하고 산에 들어가 먹을 것을 만들기도 하고, 옷은 동네 사람들에게 사정 이야기를 해서 얻어 입고, 잠은 동네에서 자기도 하고 산 바위 밑에서 가랑잎을 깔고 자기도 했어요."

"잘했구나. 2년이 되도록 엄마와 떨어져 살다 오니 내 아들이 쑥 커버렸구나. 아주 의젓해졌고 든든해 보이는구나."

어머니는 매우 흡족해하셨다. 나는 어머니에게 집을 떠나 수행을 해보셨냐고 물었다. 어머니는 내가 수행을 계속하게 되면 어머니의 말을 이해하게 되고 어머니가 누구이며 어떤 사람인지 알게 될 것이라고 말씀하셨다. 알고 보니 어머니는 나를 낳기 전부터 지속해서 일정 기간을 정해 놓고 수행 정성을 들이신 분이셨다. 어머니가 내게 말씀하셨다.

"네가 전국을 돌며 세상을 보고 수행한 것은 너 혼자 한 것이 아니야. 나는 네 옆을 떠난 적이 없어. 늘 너와 함께 있었지. 그리고 앞으로도 늘 너와 함께 있을 거야."

어머니는 밤낮없이 혼자 바느질과 뜨개질을 하셨다. 그 당시에는 나는 그것이 어머니의 수행 정성이라는 것을 몰랐다. 어머니는 바느질하는 힘이 자신에게 있는 것이 아니고 부모 조상님과 하나님에게 있고, 다음은 아들인 나에게 있다고 하셨다. 어머니의 마음이 온통 아들인 내 생각에 잠겨 취해 있으면 바느질과 뜨개질을 하는데 지루하거나 힘든 것을 모른다고 하셨다.

나는 그 말뜻을 잘 알 수 없었지만, 어머니가 나를 무척 사랑하신다는 것만은 알 수 있었다. 어머니는 한없이 깊은 눈으로 나를 보고 말씀하셨다.

"네가 엄마를 많이 좋아하고 엄마에게 잘 하려고 노력하는 것을 알아. 고맙구나. 너에게 많은 말을 해 주어도 지금은 네가 엄마 말을 이해하기 어렵고, 엄마 마음을 다 알 수 없을 거야. 봄에 언 땅을 뚫고 겨우 올라오는 파란 새싹은 자신 앞에 여름, 가을이 있는 것을 모르지. 너는 지금 봄과 같은 과정에 살고 있어. 너에게 여름과 가을, 겨울을 말해주어도 받아들이고 이해하기 어려울 거야. 그러나 여름이 되고 가을이 되면 가르쳐주는 이 없어도 스스로 여름의 따뜻함과 가을의 서늘함을 느끼고 겨울의 강추위를 체험하게 되고 알게 된단다. 이제 엄마는 마음이 편하고 가벼워지는구나. 너는 엄마의 꿈이고 희망이야. 너는 엄마한테 보배 중의 보배이고 기쁨이고 행복이야. 내 아들이 어렵고 힘든 수행을 잘 하고 있어서 고맙고, 건강한 모습으로 돌아와서 좋구나."

어떤 것이든 열심히 한다는 것은 힘들다. 그리고 무엇이든 지속해서 한다는 것은 어렵다. 어머니는 내가 그 어떤 힘들고 어려운 환경에서도 수행을 중단하는 일이 없기를 바라셨다. 대자연은 흘러가는 물과 같이 순행하는 것을 멈추지 않는다. 나는 수행하는데 어려움과 고통이 있어도 쉽게 편한 길을 생각하지 않고 어렵고 힘든 길을 찾아가며 수행을 지속할 것을 어머니에게 약속했다.

"아들아, 엄마의 생명이 엄마 것 같지만 엄마 마음대로 할 수 있는 것이 아니야. 너의 생명도 네 것 같지만 너의 마음대로 할 수 없어. 네가 태어나고 싶다고 해서 태어나고, 세상 살기 싫어서 죽고 싶다고 해서 죽을 수 있는 것이 아니란다. 생명의 본 주인은 무형에 있어. 그러니 생명을 소중히 여기며 살아라. 그것이 하늘을 위하고 부모를 위하는 길이야. 세상에 존재하는 것들은 다 순행하는데, 그 순행을 하게 하는 분, 그분이 바로 생명의 주인이란다. 수행을 지속하게 되면 스스로 느끼고 알게 되는데, 엄마는 내 아들이 수행해서 반드시 생명의 주인과 진솔한 대화를 하기를 바란단다."

나는 어머니 말씀을 들으며 계속 어머니와 같이 있고 싶었다. 그렇지만 수행 없이 말씀만 들으면 이해가 안 되는 내용도 있고 어머님 말씀을 다 기억할 수도 없으므로 수행하기 위해 다시 집을 떠날 준비를 했다.

어머니 말씀대로 수행해서 생명의 주인과 만나는 것도 스스로 해야 했다. 어머니는 어느새 내가 수행할 때 먹을 미숫가루를 준비해 놓으셨다. 어머니도 나와 함께 있고 싶지만, 나의 미래를 위해서 내가 수행지로 떠나기를 바라시는 것 같았다.

수행의 어려움

　나는 처음에 계룡산에서 수행해보았으나 계룡산은 암자와 절이 많고 기도자와 무속인들이 모여들어 조용하지 않았다. 그래서 이번에는 이름 없는 산, 사람들의 발길이 없는 곳으로 가야겠다고 생각했다.

　산이 부드럽고 유하게 생기면 화전민들이 농사지으며 살기 위해 모여든다. 산에 불을 지피고 그곳에다 곡식을 심는다. 그 때문에 수행하려면 사람의 발길이 닿지 않는 험한 산속으로 들어가는 수밖에 없다. 그래서 악산으로 가 수행을 시작했다.

　수행은 하루에 3번 하는데 할 때마다 목욕하고 바위 위에 앉아서 1~3시간을 한다. 수행이 시작되면 벌레가 몸에 기어 올라오고 벌이 쏘고 모기가 물어도 쫓거나 움직이지 않는다. 수행은 어려운 점이 많다. 추운 겨울이면 목욕하기 어렵고, 하루 세 차례씩 바위 위에 앉아 있기도 어렵다. 딱딱한 바위 위에 몇 시간씩 앉아 있으려면 다리가 마비되고 졸음도 몰려온다. 이럴 때면 참기가 너무 힘들어서 혀를 깨물어 아픔과 졸음을 쫓는다.

산 수행에서 추위와의 싸움은 혹독하다. 산에서는 불 없이 살아야 한다. 지금과 같이 따뜻한 담요도 없고 두꺼운 옷도 없다. 1,000m가 넘는 높은 산 7, 8부 능선에는 사방이 막힘없이 확 트였기 때문에 바람이 많다. 한여름 대낮에도 시원할 정도다.

그런데 태양 빛이 서쪽으로 넘어가고 밤이 되면 바위 아래는 여름에도 겨울처럼 춥다. 그래서 나는 바위가 싫다. 그러나 바위를 의지하지 않고는 산에서 내가 머물고 쉴 곳을 만들기가 어렵다. 바위 아래에서 찬 바람이 나와도 여름에는 그나마 견딜만하다. 그러나 겨울에는 땅도 얼고 쌓여있는 눈도 언다. 바위 밑 언 땅과 눈과 얼음에서도 찬 바람이 나오면 내 피와 살도 얼어붙는 것 같다.

산 수행에서 추운 것도 어렵지만 가장 큰 어려움은 배고픈 것이다. 산에 들어온 날부터 산에서 내려가는 날까지 밥을 먹을 수 없고 사람들이 먹는 반찬을 먹을 수 없다. 수행하면서 주로 먹는 것은 어머니가 정성스럽게 만들어 주신 미숫가루와 소금이다. 미숫가루로 허기만 면하고 죽지 않을 만큼만 먹는다. 배부르게 먹는 것은 생각할 수도 없다.

산에서 곡물과 소금을 계속 먹을 수만 있어도 행복이다. 산쥐, 다람쥐, 청설모, 뱀들이 먹을 것을 빼앗아 가기 때문이다. 이것들이 내 곡물과 소금을 빼앗아 가지 못하도록 관리하고 보관하는 것은 참으로 어렵다. 관리를 잘못하면 그때부터 굶어야 한다. 관리를 잘못해서 한 달간 곡물을 먹지 못하고 산에서 흐르는 찬물만 먹은 적이 여러 차례 있다.

바위 밑은 늘 습하기 때문에 습기와 곰팡이로 인해 미숫가루가 변질되어 못 먹게 되는 때도 있다. 산에서는 미숫가루와 소금 외에 다른 것은 먹을 것이 없다. 산에서 불을 피워 밥을 해 먹는다는 것은 상상할 수도 없다. 안 먹고는 살 수 없으므로 미숫가루와 소금을 준비해 가지만 7~8개월 동안 동네에 내려오지 않고 먹으려면 배부르게 먹을 수 없다.

산 수행 생활에서 또 하나의 어려움은 외로움과 고독이다. 산 수행은 수행 중 사람을 만나면 수행한 것이 모두 허사가 되기 때문에 수행목적 기간을 정하면 그 기간 안에는 사람을 안 만난다. 사람을 안 만나면 수행 성공이고 사람을 만나면 수행 실패가 된다. 수행 중에 사람을 만나는 것은 바가지에 담은 물을 땅에 쏟아 버리는 것과 같다. 바가지가 깨지는 것과 같은 결과가 된다.

따라서 어떠한 어려움과 위급한 일이 생겨도 혼자서 해결해야 한다. 도움을 받을 사람도 의논할 사람도 없다. 외로움과 고독을 참아내며 나 자신과 싸워야 한다. 외로움과 고독이 얼마나 큰 어려움이 되는지 체험해보지 못한 사람은 모른다.

산 수행에 어려움이 많아도 산에 가는 이유가 있다. 첫째, 동네에서는 정신집중이 안 되고 두뇌를 맑고 깨끗하게 할 수 없기 때문이다. 둘째, 동네에 있으면 외롭고 고독함을 느끼지 못하고 배고픈 것을 느낄 수 없기 때문이다. 수행자가 외롭고 고독함을 모르고 배부르게 많이 먹으면 수행이 안 된다. 배부르게 먹고 수행하는 것은 외형적으로 수행했다는 의미는 가질 수 있지만, 두뇌가 맑아지고 깨달음을 얻기는 어렵다.

두뇌는 배고픔, 외로움, 고독, 그리고 힘들고 어려운 몸의 고통을 통해서 맑아진다. 두뇌가 맑아야 상상력과 창의력이 생기고 지혜로워진다. 상상력과 창의력이 뛰어난 두뇌가 되어야 오늘일, 내일일, 미래 일을 아는 사람이 된다.

시대의 어려움

　내가 수행을 시작했을 때는 1950년대이다. 그 시대는 모두가 가난했다. 그 시대를 가난하게 살아본 사람은 조금은 알겠지만, 그 시대를 살아보지 않은 사람은 그 시대의 가난을 이해하고 싶어도 이해가 안 된다. 그 시대를 살아보지 않은 사람에게 그 시대 일을 이해해주기를 바라는 것은 돼지에게 설교하면서 돼지에게 이해를 바라는 것과 같다.

　나는 「태극기를 휘날리며」, 「실미도」, 「국제시장」 같은 영화를 극장에 가서 본 적이 있다. 나는 영화를 보면서 가슴이 아팠다. 내가 살았던 어린 시절이 떠올랐기 때문이다. 그런데 전쟁으로 죽어가는 사람들을 보면서 내 앞뒤에 앉은 젊은이들은 재미있다고 웃었다. 나는 들려오는 웃음소리에 대해 끓어오르는 분

노를 참느라 매우 힘들었다.

사람이란 누구나 자기중심적이다. 총알에 비참하게 죽어가는 영화 속 주인공들이 자기들의 부모이고 형제이고 자식이라도 재미있다고 웃을 수 있을까? 부모, 형제, 자식이 전쟁으로 죽어가는 것을 보고 재미있다고 웃는다면 정신이 온전한 사람이 아닐 것이다.

뿌리 없는 나무는 없고 희생 없는 성공과 행복은 없다. 931번이나 비참한 침략과 학살을 당한 나라에 살면서 과거를 잊고 고마움을 잊고 산다면 은혜를 모르는 동물 인간이 될 수밖에 없다.

우리가 사는 이 땅의 자유와 평화는 저절로 지켜진 것이 아니다. 우리에게 주어진 자유와 평화는 우리 부모님, 선조 조상님들의 희생으로 우리에게 주어진 것이다. 우리는 그분들이 목숨으로 지켜주신 그 터 위에서 편안하고 행복하게 사는 것이다. 이런 생각을 하면 떠오르는 말이 있다. '짐승은 은혜를 목숨으로 갚고 인간은 은혜를 원수로 갚는다.' 매우 씁쓸하지만 나는 이 말이 정답이라고 생각한다.

그 시대의 삶은 모두가 고달팠다. 특히 가정의 어머니들은 참으로 할 일이 많았다. 자식을 많이 낳아 키우는데 요즘 같은 우유, 기저귀도 없고 아이를 보호하고 관리하는 좋은 기구도 없었다. 오직 모유를 먹이고 키우면서 대가족들의 삼시 세끼를 챙겼다. 방마다 상 차려 들이고 또 걷어와 치우는 일을 엄마들 혼자서 했다.

그 시대에 밥그릇은 옹기로 구운 투박하고 무거운 그릇이고 간혹 놋그릇이 있었다. 요즘 식당에 가면 돌솥밥이란 것이 있다. 그 돌솥밥 그릇만큼이나 무거운 그릇들이다. 그런 그릇에 밥과 국, 반찬을 담아 어른들이 계시는 방방으로 상을 들여다 주었다. 밥을 할 때도 요즘 같은 가스와 석유가 없어서 산에서 해 온 나무로 불을 지펴 밥을 했다. 화력도 없고 사용하기가 매우 불편한 것이 많았다.

옷감 실을 만드는 것도 모두 엄마들이 했다. 7~8월 가만히 서 있어도 땀이 나는 더운 날 야산을 돌아다니며 칡덩굴이나 닥나무, 피나무, 삼을 거두어 드럼통 같은 데에 넣고 끓여 삶은 다음 잘게 쪼개 그것을 모아 삼베 길쌈하듯 베를 짰다. 그 천을 가지고 대가족들의 옷을 재단하고 손바느질하여 가족 모두의 옷을 만들었다.

내가 입고 있는 옷은 옥 광목으로 만든 것이었다. 옥 광목은 차갑고 거칠다. 옥 광목을 현재 사용하는 것으로 비교 설명하자면 건설현장에서 사용하는 가림막 같은 천이다. 주택공사 현장에서 나온 공사 쓰레기를 담는 마대자루와 재질이 비슷하기도 하다. 더 쉬운 예를 든다면 여름철 태풍으로 물이 범람해 주택가 도로가 파여 나가면 자루에다 흙이나 모래를 담아 주택으로 들어오는 물을 막고 도로가 파여 나가는 것을 막는다. 이때 흙과 모래를 담아 막는데 사용하는 자루와 비슷한 것이 옥 광목이다.

건설현장이나 주택 공사장에서 사용해 보았거나 사용하는 것을 본 사람은 얼마나 거친 천인지 알 수 있지만 단 한 번도 보지 못한 사람은 이해하기 어려울 것이다. 요즘은 그런 천으로 옷을 만드는 것을 본 적이 없기 때문이다. 그 시대는 옥 광목으로 만든 옷 한 벌이 전부였다.

그 외에 논밭에 나가 씨앗을 심고 풀을 뽑고 가꾸어 농작물을 거두어들이는 것, 타작하여 알곡을 만들어 물레방아나 디딜방아로 찧어서 먹을 수 있게 만드는 것들도 모두 엄마들이 했다. 그리고 간혹 짬을 내어 어린 자식들 머리에 이를 잡아주기도 했다. 그 시대 아이들에게는 머리에 이가 참 많았다. 그래서 집에 이 잡는 참빗이 하나 있다고 하면 모두 부러워했다.

그 시대는 아이들뿐 아니라 어른들 머리에도 이가 많았다. 그 시대 사람들 머리에 이가 많을 수밖에 없는 이유는 머리털은 길고 많은데 머리 감을 물이 없어서 머리를 감을 수가 없기 때문이다.

대가족이 하루 3번 먹는 물도 엄마들이 무거운 옹기를 머리에 이고 가깝게는 200m, 멀게는 500~800m 떨어진 우물에 가서 물을 퍼왔다. 자고 논밭에 일하러 나가서 어두워져서야 집으로 돌아오는 생활이 매일같이 바쁘게 돌아가기 때문에 머리 감을 시간도 없었다. 그 시대는 요즘 같이 비누라는 것이 없었다. 그 시대 지혜로운 엄마들은 자연재료로 비누를 만들어 사용했다.

어려운 시절, 하루하루 먹을 것을 준비하기에도 참으로 힘겨운 세상이었다. 그런데 나는 산에 들어와 수행하면서 살고 있으니 나의 수행 생활을 모르는 사람은 내가 편하고 행복하게 산다고 할지도 모르겠다. 논밭에 나가 일하는 것에 비해 몸이 편하게 보일 수 있지만, 산에는 사람들이 알지도 느낄 수도 없는 어려움이 많다.

긴 잠을 자는 노부부

수행준비와 수행만 하기에도 하루가 매우 바쁘지만, 조금이라고 시간이 생기면 나는 가만히 있지 않는다. 기다란 나무 막대기를 들고 운동을 하기도 하고 돌을 던져 표적을 맞히는 훈련을 하기도 한다. 또 산이 어떻게 생겼을까, 신비로운 절경은 없을까 하여 산을 돌아다니기도 한다. 단, 사람만 안 만나게 조심하면 된다.

하루는 산을 이곳저곳 돌아다니다가 이상한 곳을 발견했다. 작은 바위 옆에 땅굴이 있고 그 안에 노부부가 살고 있었다. 그러나 수행 중에 사람을 만나면 안 되기 때문에 위치만 확인하고 돌아와 수행이 끝난 후 다시 그곳을 찾아갔다.

내가 처음 노부부를 보았을 때 할아버지는 누워 계시고 할머니는 그 옆에 앉아 계셨다. 그런데 4개월이 지난 다음 다시 찾아갔을 때도 그들은 여전히 그 상태로 계셨다. 나는 할아버지가 아프신가 하여 걱정이 되어 그 연유를 물어보았다. 그런데 할머니의 대답은 내가 전혀 예상하지 못한 것이었다.

"할아버지는 지금 5개월째 잠을 자는 중이야."

할아버지는 잠을 자고 있고 할머니는 깨어 그 옆에서 할아버지를 지키고 있는 것이었다. 노부부가 같이 잠을 안 자고 교대로 자는 이유는 오래전에 부부가 같이 잠을 자다가 땅속에 묻힐 뻔했던 적이 있기 때문이란다. 산에 온 사람들이 노부부가 자는 것을 보고 죽은 줄 알고 땅속에 묻으려 했다는 것이다. 나는 할머니에게 물었다.

"왜 그렇게 잠을 길게 자나요?"

"우리는 길게 자는 것이 아니야."

할머니의 대답은 이해하기 어려웠다.

나는 사람들로부터 이런 이야기를 들은 적이 있다. 산속에 호랑이는 하루에 잠을 23시간 자고 단 한 시간만 사냥하고, 기린은 하루에 잠을 5분만 서서 잔다고 한다. 이 말에 대해 내가 동물 연구가가 아니므로 확인은 못 했다.

나도 하루에 잠을 2~3시간만 잔다. 사람들은 믿지 않고 나에게 거짓말을 한다고 하지만 나는 지금도 잠을 2~3시간을 넘겨 더 자는 일이 없다. 세월이 흘러 나이를 먹으니 힘들고 피곤하여 종종 누워 있기는 해도 잠을 자지는 않는다. 내가 듣기로 보통 사람들은 하루에 6~8시간은 잔다고 한다.

그런데 이 노부부는 보통 4~6개월 동안 잠을 잔다고 한다. 내가 연세를 물으니 나이를 모른다고 하셨다. 그렇지만 내 짐작으로 할머니 연세가 족히 300살은 되신 것 같았다. 할머니가 세상 이야기하시는 것을 들으니 200살은 훨씬 넘은 것으로 짐작되었다.

노부부의 모습은 시장에서 파는 통 북어와 비슷했다. 뼈와 가죽만 있는 듯했다. 사람들이 밤길을 가다 이 노부부를 만난다면 귀신이라고 놀라 비명을 지르고 쓰러질 것이다.

나는 예전에 생식만을 하는 사람들과 하룻밤을 지낸 적이 있다. 그들은 높고 깊은 산에 수십 명이 모여 살면서 곡물은 일절 먹지 않고 산에서 나는 것들만 먹으며 살고 있었다. 이들은 식물과 나뭇잎을 따서 말려 가루로 만든 후 다시 우황청심환 크기만 하게 만들어 이것을 하루에 한 알만 먹고 생활했다.

이들의 몸도 뼈와 가죽만 있는 것 같았다. 나이는 주로 80~90세가 된 분들인데 몸은 말랐어도 움직이는 동작은 20대

청년에게도 뒤지지 않을 걸음걸이와 달리기 실력을 갖추고 있었다. 이곳은 국내보다 해외에서 더 유명하여 찾아오는 사람들이 많고 군사훈련을 위해 견학을 오기도 한다는 말을 들었다.

개미의 종류가 내가 알고 있는 것만도 10종류가 넘는다. 개미의 몸에는 물기가 없다. 그런데 개미는 빠르고 힘세고 부지런하다. 개미는 큰 나무에서 떨어져도 다치거나 죽지 않는다. 나는 생식하는 분들은 모두 축지법을 할 수 있을 것으로 생각한다. 몸무게가 150~180kg 나가는 사람이 한 달만 수행하면 50~80kg 정도의 살을 뺄 수 있다. 3개월을 하면 100kg이던 몸무게가 60~70kg이 될 것이라고 나는 확신한다.

수행자는 살이 찔 수가 없다. 수행자는 몸이 느릴 수가 없다. 수행을 장기간 지속해서 하면 누구나 자동차만큼 빠르게 이동할 수 있게 된다. 나는 수행을 하면서 사람들이 보고 신기하다고 해주는 소리가 듣기 싫지 않아 바보 같은 짓을 종종 한 적이 있다. 복잡한 시내에서 버스, 택시보다 내가 걸어서 더 빨리 목적지에 가는 내기를 해서 보여 준 적도 있고, 서울 주변 산에 다니며 빠르게 오가는 것을 일반 사람들을 데리고 해 본 일도 있다.

나는 이 노부부를 나중에 또다시 만났다. 긴 잠을 자는 노부부의 말이 이해가 될 듯, 말 듯 했다.

잠자는 것이 가장 행복하다

　내가 정한 정식 수행 기간은 7개월이다. 그렇지만 한번 수행하러 산에 들어가면 보통 8~9개월을 산에서 보낸다. 그 이유는 세상에 나왔다가 산에 들어가면 바로 수행에 집중이 안 되기 때문이다. 잡념이 없어질 때까지 1~2개월의 준비 기간을 잡는다. 수행의 기본은 잡념이 없는 것이다. 잡념이 없어야 비로소 수행의 출발이 된다.

　수행에 집중할 때는 옆에 사람이 와도 소리를 듣지 못한다. 그래서 수행할 때는 "수행 중이니 말하지 말고 가세요."라는 글을 써서 내 뒤에 놓고 하기도 한다. 혹시 누가 와서 바위 위에 앉아 있는 나를 보고 말 걸고 신고할까 염려가 되어 그렇게 하기도 한다. 수행 중에는 숨을 쉬지 않는 것처럼 보여 죽은 것으로 보이기도 하기 때문이다.

나는 수행을 끝내고 동네로 내려오면 다음 수행할 준비를 하기 위해 시간을 보낸다. 준비되면 바로 산으로 들어간다. 산에 들어갈 때마다 수행 장소를 이동하는 때도 있고 하던 곳에서 또 하는 때도 있다.

나는 수행을 시작하기 전에 노부부를 다시 한번 만나보기로 했다. 내가 노부부를 방문했을 때 할아버지가 잠에서 깨어나 있었다. 나는 할아버지와 이야기를 하면서 그분들의 나이가 300살이라는 것을 확인했다. 할아버지는 지금까지 살아온 것만큼 앞으로 더 살 수 있다고 하셨다. 그리고 사는 것이 재미있고 즐겁다고 하셨다.

"나는 잠을 잘 때가 제일 행복해. 잠을 안 잘 때는 마음대로 갈 수 없지만 잠을 자면 세계 어디든 가보고 싶은 곳은 다 가볼 수가 있어. 나는 한국에만 있지 않고 세계를 다 보면서 살고 있어. 여기는 길 가다가 주막집에서 잠시 쉬어 가듯이 잠시 쉬어 가는 곳일 뿐이야."

나는 먹는 것이 궁금하여 먹을 것에 대해 여쭤보았다.

"산에 보이는 것이 다 내가 먹을 것이지. 그중에서 공기가 제일 중요해. 공기만 먹어도 살 수 있는데 뭐가 걱정이야."

할아버지 말씀은 모두 이해가 안 가는 것뿐이었다. 내가 눈으로 보고 들었는데 이해할 수 없었고 다른 사람에게 옮겨 말할 수도 없는 내용이었다. 할아버지는 또 말씀하셨다.

"조금 있으면 다른 곳으로 이사를 할 거야. 이사도 아주 간단해. 지고 들고 갈 것도 없지. 잠자다가 일어나 그냥 가면 돼."

노부부는 몸에 걸친 것이 없었다. 완전히 원시인과 같이 알몸이었다. 춥지도 않다고 하셨다. 신체가 자동으로 조절해 주는 것인지, 아니면 할아버지께서 조절하시는 것인지 알 수 없었다. 그러나 북극에 사는 곰을 생각해 보면 할아버지가 사시는 것이 이해가 되기도 했다. 영하 40~60도에서 사는 북극곰이 더운 곳으로 오면 죽게 될 것이다. 그러나 체온이 자율적으로 조절이 된다면 살 수 있을 것이다.

100년 전후로 짧게 살다가 죽는 인간으로서는 넓고 넓은 지구를 다 알 수 없다. 인간이 지구를 안다고 말하는 것은 자만이고 교만이다. 세상 이치를 다 안다고 말하는 것은 자신의 무지와 어리석음을 스스로 드러내는 일이다.

수행 횟수가 더해질수록 마음이 차분하게 가라앉는 느낌이 들었다. 그리고 지난날 조금 안다고 생각했던 나 자신이 너무나 부끄럽게 느껴졌다.

한 노인과 만남

산에서 내려오면 다음 수행 장소를 어디로 할까 고민한다. 겉모양은 같아도 수행을 해보면 산마다 기운이 다른 것을 느낄 수 있다. 전설이 많은 산, 문경 부근으로 가야겠다는 생각이 들었다. 문경 뒷산은 월악산 줄기다. 노래와 전설이 있는 문경새재를 모르는 사람은 없을 것이다.

산이 크고 골이 깊어 사람을 만나지 않고 수행하기에 더없이 좋게 보였다. 그 당시 문경새재 고개는 길이 험해 고개를 넘는 데 자동차로도 30분 이상 걸렸다. 겨울이 되어 눈이 오면 운전에 프로급이 아니면 감히 넘을 수 없었다. 문경새재 낮은 산자락에는 화전민들이 산을 깎아 농사를 짓지만, 깊은 산속은 산이 험해서 사람이 필요로 하는 것이 없다. 사람들이 필요로 하는 먹거리와 약초들은 낮은 산에만 있다.

어떤 산이든지 좋은 점과 나쁜 점은 다 있다. 산이 크고 험하면 사람이 오지 않고 물이 많아서 좋다. 깊은 산속, 사람들이 오지 않고 산짐승들만 사는 곳이 내가 수행하기 좋은 곳이다. 반면, 산이 크고 험하면 경사가 가팔라서 매우 위험하다. 경사진 골에 가랑잎이 많으면 대단히 미끄럽다. 그래서 여름과 겨울, 지내야 할 계절과 시간을 잘 계산해서 자리를 잡아야 고생을 덜 하고 수행할 수 있다.

산에서 내가 지낼 거처는 항상 바위를 의지해 가랑잎을 모아 만든다. 가랑잎은 땅에서 올라오는 습기를 막아주고 잘 썩지 않아 좋다. 잎이 넓어 바람도 막아주기 때문에 수행할 터에 집을 만들 때도 사용한다. 거처와 수행처를 만들고 수행을 시작했다.

그러던 어느 날 내 앞에 사람이 나타났다. 아무리 생각해도 이곳은 사람이 올라올 곳이 아닌데 이상했다. 지금이야 전국 산이 등산인으로 넘쳐 나지만 그 시대는 먹고 살기 어려워 산에 올 시간이 없다. 부자들은 대도시에 살고 또 겁이 많아서 죽을까 봐 혼자 산에 오지 않는다.

사람을 피해 이 깊은 산속까지 왔지만 70대로 보이는 노인이 갑자기 나타나 말을 거니 대답을 안 할 수가 없었다. 그리하여 노인과 대화를 하게 되었다. 노인이 내 거처에 나타난 시기는 초봄 오후 해가 넘어가고 그늘이 진 때였다. 노인이 내게 물었다.

"젊은이는 무슨 사연으로 이렇게 깊은 곳에 들어와 살고 있나?"

"특별한 사연은 없고 사람들이 있는 동네에서는 수행하기 어려우므로 수행하기 위해서 깊은 산속까지 왔습니다."

"이 산은 멧돼지도 있고 늑대도 있고 독사도 많은데 겁나고 무섭지 않아?"

"무섭고 겁도 나지만 수행이 더 중요하기 때문에 들어왔습니다."

노인은 계속해서 나에게 질문했다.

"수행의 목적이 있나?"

"알고 싶은 것도 있고 궁금한 것도 많지만 궁금해한다고 다 알 수가 있나요?"

노인이 무엇이 궁금하냐고 물어 나는 내가 궁금하고 알고 싶은 것들을 말했다. 세상 사람 모두 무병으로 살기 원하는데 왜 병으로 아프고 병으로 갑자기 죽는지, 부자로 잘 살고 싶어서 배우고 노력하는데 왜 가난하게 사는 사람들이 많은지, 죽은 자를 보고 왜 돌아가셨다고 말하는지, 소도 독초를 가려 먹고 도살장 앞에서 안 들어가려고 눈물을 흘리는데 사람은 왜 자신이 죽게 될 장소를 모르고 들어가 죽는지... 등에 관한 것들이다.

노인은 또 내게 물었다.

"그런 것을 알면 뭐에 쓰려고 알고 싶어 해?"

"그것을 알게 되면 사람들을 잘 살게 해주고, 사고를 안 당하게 해주고, 안 죽게 해주고 싶습니다."

"젊은 사람이 크고 좋은 생각을 하고 있군."

노인과 이야기를 하다 보니 날이 어두워졌고, 나는 수행준비도 못 하고 목욕도 못 했다. 그런데 갑자기 노인이 다리가 아프고 온몸이 아프다면서 아픈 곳을 만져 줄 수 있느냐고 물었다. 나는 노인을 빨리 보내야겠다는 생각만 들었다. 어찌할 바를 몰라 잠시 생각에 잠겨 있는데 노인이 또 말했다.

"다리가 지금처럼 계속 아프면 다리 나을 때까지 이곳에서 신세를 져야 할 것 같네."

나는 그 말에 정신이 번쩍 들었다. 노인과 함께 있으면 대화하느라 수행을 못 하게 될 것이 뻔했다.

"제가 다리를 안 아프게 주물러 드리면 댁으로 가실 수 있으신지요?"

내가 노인의 다리를 주무르는데 참 이상한 생각이 들었다. 얼굴은 노인인데 다리는 청년 다리 같았다. 한참을 주무르는데 노인이 다리가 다 나은 것 같다며 일어섰다.

"이제 다리가 괜찮아진 것 같네. 다리를 주물러 준 값은 다음에 갚을 날이 있을 걸세. 난 이만 가야겠네."

노인이 산에서 내려가는 것을 내가 도와드리겠다고 하니 산모퉁이까지만 손잡아 주면 그다음은 혼자 갈 수 있다고 했다. 나는 노인의 손을 잡고 산모퉁이까지 함께 내려갔다. 그런데 또 이상한 느낌이 들었다. 분명히 노인인데 나보다 손힘이 더 세고, 다리가 아프다는 분이 나에게 조심하라고 하며 내 손을 잡아주었다.

산모퉁이에 다다르니 노인은 혼자 갈 수 있다고 하며 내게 물었다.

"언제쯤 하산하게 되나? 하산할 때 내 집에 와 줄 수 있겠나? 내 집은 문경에서 제일 큰 부잣집 앞집이야. 대문을 마주 보고 있지. 내 이름은 이 문경이네. 늘 집에 있으니 아무 때나 오면 만날 수 있어. 꼭 들르게. 그럼 수행을 잘 하길 바라네."

나는 수행이 끝나면 노인의 집에 들르겠다는 약속을 하고 다시 내 거처로 올라왔다.

돌아가신 지 40년 된 노인

 몇 개월의 수행 기간을 채우고 산에서 내려가게 되었다. 나는 노인과의 약속을 지키기 위해 노인의 집을 찾아갔다. 문경에서 제일 큰 부잣집은 내가 이미 들어 알고 있는 집이었다. 대문을 마주하고 있다는 노인의 집도 잘 사는 것으로 보였다. 다시 노인을 만날 것을 생각하니 조금 설레기도 했다.

 대문이 열려 있어서 인기척을 하고 들어갔다. 해골 같은 모습을 한 내가 큰 짐을 지고 들어가니 모여 앉아 이야기하고 있던 사람들이 모두 나를 쳐다보았다. 나는 인사를 하고 말했다.

 "이 문경 어르신을 찾아왔습니다. 어르신 계신가요?"

 5명 정도 모인 사람들이 얼른 대답을 안 하고 의아한 듯 나를 쳐다보았다. 나는 산에서 노인을 만난 이야기를 하고 어르신을 뵈러 왔다고 거듭 말했다. 모인 사람 중 나이가 제일 많아 보이는 어른이 내게 말했다.

"젊은이가 말한 인상착의는 우리 아버지가 맞는데…. 이 문경이라면 내 아버지요. 보아하니 나이는 어린 것 같은데 그 산속에 무슨 일로 갔다가 내 아버지를 만난 거요? 내 나이가 70살인데, 이 나이가 되도록 살면서 죽은 내 아버지를 만나 대화했다고 찾아온 분은 처음이라서…."

나에게 말을 건넨 분은 이 문경 어른의 아들이라고 하셨다. 자신은 5남매 중 막내인데 다른 형제들은 모두 돌아가셨고 옆에 같이 앉아 있던 사람들은 이 문경 어른의 손자들이라고 하셨다.

이게 어찌 된 일인가? 나는 믿을 수가 없어서 다시 물었다.

"이 문경 어르신은 언제 돌아가셨나요?"

"아버지가 돌아가신 지 40년도 넘었어요."

"어르신은 살아생전에 무슨 일을 하셨나요?"

"동네 아이들에게 글을 가르쳐 주고 아픈 사람들에게 침을 놓아주셨지. 돌아가실 때 연세가 79세였어요."

이 문경 노인이 돌아가신 지 40년 이상 되었다니 믿기지 않았다. 나는 분명히 그분의 다리를 직접 만져드리고 손을 잡고 산길도 걸어 내려왔었다.

이 문경 어른의 아드님은 내가 배가 고파 보인다고 하시면서 밥상을 차려 주셨다. 수행을 끝내고 막 하산하는 길이었고 맛있는 음식을 많이 먹은 탓인지 피곤이 몰려왔다. 참기 어려울 정도로 잠이 쏟아져 양해를 구하고 한숨을 잔 후 집으로 돌아왔다.

참으로 묘한 일이다. 죽은 지 40년 이상 된 노인과 대화를 하고 그분의 다리를 만져주고 같이 손을 잡고 걸어갔다. 더 의아한 것은 그분이 언젠가는 고마움을 갚겠다고 한 것이다. 돌아가신 분이 살아있는 나에게 무엇으로 어떻게 고마움을 갚겠다는 것인지 아무리 생각해도 이해가 안 되고 답을 찾을 수가 없었다. 이 문경 노인이 왜 나에게 수행을 하는지, 무엇을 찾는지 왜 물어보셨을까? 생각하면 할수록 궁금증만 더 늘어났다.

2장

수행의 어려움과 위기

수행 생활의 외로움

　다음 수행 장소를 어디로 할까? 수행이 끝나고 같은 장소에서 하지 않게 되면 다음 장소를 찾고 정하는데 생각이 많아지게 된다. 다시 악산으로 가보자. 혼자서 묻고 혼자서 대답한다.
　'악' 자가 들어가는 산은 얼마나 높고 험한 지 5월에도 정상에 눈이 있다. 그리고 하루에 산 정상을 다녀오기가 어렵다. 그 해는 추석에 산에 들어갔으니 산에서 내려가려면 수행 기간 7개월과 앞뒤로 2개월을 더해 9개월 후에 산에서 내려가게 된다.
　산 8부 능선에 수행 자리를 잡았다. 수행터와 물이 있는 계곡까지가 너무 멀다. 걸음으로 계산을 하니 약 800m가 된다. 어느 산이든 어려움이 있기는 마찬가지이다. 이번에 잡은 수행터는 비가 오나 안 오나 물이 있는 곳까지 거리의 변화가 없다.

비가 많이 오면 물을 퍼오기가 가까워지기도 하지만 이곳은 그렇지 않았다. 사실 그런 곳을 만나기는 쉽지 않다.

높은 산에는 참나무, 떡갈나무, 잡목들이 많다. 조선소나무는 거의 없다. 솔잎보다 참나무 가랑잎이 더 미끄럽다. 비나 눈이 오면 아주 미끄럽다. 산 수행을 하면서 완벽하게 안전하기를 바라는 사람은 산 수행을 할 수 없다. 산은 언제나 위험하다. 그렇지만 나는 물이 있는 곳이 멀고 경사가 가파르므로 수행이 더 잘 될 것 같은 생각이 들었다.

수행터에서 보이는 것은 나무와 바위 그리고 하늘뿐이다. 들리는 소리는 바람 소리와 새소리뿐이다. 때로는 바람 소리가 무섭게 들릴 때가 있다. 비가 많이 오고 태풍이 불 때는 산이 무너지고 바위들이 굴러떨어질 것 같은 느낌이 들기도 한다.

새들은 깊은 밤에 울고 또 이른 새벽에 운다. 고요한 적막 속에서 들려오는 새소리는 좋아서 부르는 노랫소리가 아니다. 무슨 슬픈 사연이 있기에 저리도 구슬프게 우는 것일까? 우리 속담에 이런 말이 있다. 깊은 밤에 우는 새는 임 생각에 외롭고 그리워서 울고, 새벽에 우는 새는 배가 고파서 운다.

밤에 우는 저 새는 어떤 외로움이 있을까? 저 새가 보고 싶어 하는 임은 누구일까? 부모님일까, 형제일까, 친구일까? 외롭

수행의 어려움과 위기   65

다면 외로운 사람 중에 나도 빠지지 않고 등수에 들어갈 것이다.

아침에 우는 새는 얼마나 배가 고파서 울까? 저 새도 먹고 싶은 것을 먹지 못하는 사연이 있을까? 나는 배고픈 사연이 있다. 나는 늘 배가 고프고 먹고 싶은 것도 많다. 내가 수행자가 아니라면 세상 아이들처럼 지금쯤 학교에 다니며 공부하고 친구들과 놀며 무엇이든 먹고 싶은 것을 먹고 하고 싶은 것을 하면서 살고 있을 것이다. 배고픈 것이 무엇인지, 외로운 것이 무엇인지, 무서운 것이 무엇인지, 위험한 것이 무엇인지 모르고 찬란한 오색불빛 아래서 살고 있을 것이다.

산속에 와서 내가 힘들고 외로울 때면 어머니가 더욱 보고 싶고 그리워진다. 어머니는 나와 늘 같이 있는 것이라고 말씀하셨지만, 이렇게 깊은 산속에 들어와 있으니 얼굴을 마주하고 앉아 있는 것만 못하다. 언제쯤이면 어머니 말씀대로 몸은 멀리 떨어져 있어도 몸이 같이 있는 것처럼 따뜻한 정과 온기를 느낄 수 있을까?

수행이란 시곗바늘이 돌아가는 것같이 매일매일 일상의 어김없는 반복이다. 때론 지루하고 때론 따분한 생각이 들기도 한다. 그리고 그 사이로 의심과 불신이 생기기도 한다.

이 문경 노인은 진짜로 죽은 귀신일까, 아니면 내가 귀신을 몰라봤단 말인가? 죽은 지 40년 된 사람이 어떻게 형체가 있지? 내가 분명히 몸을 만져 보았는데. 그리고 많은 대화를 했는데. 내가 귀신을 보고 말했다면 세상 사람들은 나를 어떻게 생각할까? 나를 거짓말쟁이라고 하거나 정신 이상자라고 하겠지.

왜 내가 이런 생각을 하지? 세상일에 대한 생각은 안 하기로 어머니와 굳게 약속했는데. 어머니는 혼자 있어도 외롭지 않을까? 어머니는 어른이니까. 아이들과 어른들의 차이점은 무엇일까? 아이들은 어른들에게 어리광부리고 의지하는 존재이고, 어른들은 자식들의 푸념과 하소연을 들어줘야 하는 존재일까? 그것이 어른들의 책임인가?

부모는 자식에게 무슨 빚을 졌을까? 부모가 자식에게 빚진 것이 있을까? 왜 자식들은 부모를 자신들에게 갚아야 할 빚이 많은 노예나 몸종같이 생각할까? 부모와 자식 간에 관계는 어떤 것일까? 돼지는 돼지 새끼를 낳고 소는 송아지를 낳듯이 인간도 자신과 똑같은 복제판을 만들어 내겠지. 그런데 왜 세상 사람들은 부모는 자식의 몸종 같고 자식은 부모의 상전처럼 살아가고 있을까? 생명의 주인 창조주가 애초에 그런 관계로 창조한 것일까, 아니면 살다가 우연히 그런 관계가 된 것일까?

사람을 셋으로 구분하면 사람 같은 사람, 짐승 같은 사람, 짐승만도 못한 사람이 있다. 나는 사람 같은 사람이 되기 위해 수행을 시작했다. 어머니는 나에게 말씀하셨다.

"아들아, 너는 높은 곳과 높은 사람을 보지 말고, 낮은 곳만 찾아 흘러가는 물처럼 낮은 곳만 보고 물처럼 살아라. 물은 깊은 산속에서 깨끗한 물로 솟아나 세상에 더러운 것 모두를 닦아 더러운 물이 되어 흘러가고 하수도, 똥통이라고 안 들어가겠다고 거절하지 않고, 막으면 더 낮은 곳을 찾아 흘러가고, 돌아가고, 가득 채운 다음 다시 흘러간단다. 세상 사람 보지 말고 흘러가는 물만 보고 수행하거라. 대자연의 운전자는 인간이 아니라 순행 자란다."

나는 어머니와 약속했다. 어떤 어려움과 힘든 일이 있어도 순리를 따르는 사람다운 사람이 될 것을.

수행 최고의 위기

악산에서의 수행은 어려움이 많다. 하루하루가 긴장 속에서 수행하게 된다. 나는 좀 더 힘들고 어려운 곳을 찾아 들어가는 것이 수행이 잘 되는 길이라 생각하고 수행터를 결코 편한 자리에 잡지 않는다. 자세가 조금이라도 흐트러지거나 한번 잘못 발을 디디면 수백 길 낭떠러지로 떨어질 위험이 있는 곳에 자리를 잡는다. 그래서 악산에서의 수행은 집중이 잘 되었다. 나는 이곳에서 햇수로 3년을 수행했다.

몸이 조금 편하면 수행이 덜 되고, 몸이 조금 힘들고 고달프면 마음, 정신은 더 맑아진다. 추운 겨울은 여름보다 훨씬 힘들다. 높은 산에는 눈이 오고 얼면 따뜻한 봄이 올 때까지 얼음이 녹지 않는다.

겨울에 수행하러 들어와 5개월이 지난 즈음 나는 큰 위기를 만났다. 산에서 수행하던 중 이처럼 큰 어려움과 위기를 만난 것은 처음이었다. 아직 높은 산에는 봄소식이 오지 않은 때였다.

수행준비를 위해 수행터에서 800m가량 산 아래 개울에서 목욕하고 물을 퍼 올라오다가 언 땅 위에 가랑잎이 덮여 있는 것을 잘못 밟아 미끄러졌다. 경사가 심한 곳이었기에 나는 몇 바퀴를 굴러 아래로 떨어졌다. 물바가지와 어렵게 구한 양은 물통이 찌그러지고 뚫어져 못 쓰게 되었다.

나는 놀라 몸을 일으키려 했으나 왼쪽 다리가 말을 듣지 않았다. 구부릴 수도 없고 설 수도 없었다. 왼쪽 손목과 팔도 다쳐 왼쪽 몸 전체를 쓸 수 없게 되었다. 왼쪽 다리에서는 피가 계속 났다. 몸을 다친 곳에서 바위 밑 내 거처까지 가려면 700m는 올라가야 했다. 그런데 몸을 전혀 움직일 수가 없었다. 경사진 곳에 나무 하나에 걸려 더는 안 내려가고 겨우 몸을 지탱할 수 있을 뿐이었다.

이곳은 깊은 산중이기 때문에 도움을 요청할 곳도 없고 이곳에서 동네까지는 20리가 된다. 보통 사람 걸음으로도 2시간 이상을 내려가야 동네에 갈 수 있다. 급한 마음에 그 자리에서 간절한 마음으로 수행을 했으나 아프고 움직이지 못하는 상태는 계속되었다.

　오전 수행준비를 하려다 다쳤는데 오후가 되고 어느덧 해가 질 것 같았다. 이 상태로 밤을 보낼 생각을 하니 답답하고 숨이 막혔다. 언 땅, 얼음 위에서 밤을 보낸다면 피가 많이 나서 죽을 수도 있지만 추워서 얼어 죽을 수도 있다. 여름이라면 얼어 죽지는 않을 테지만 겨울 산은 해가 넘어가면 더 추워진다. 이럴 때 산돼지라도 만나면 꼼짝 못 하고 당하게 된다.

　시간은 자꾸 가고 여기서 살아나게 될 희망은 점점 희박해져 갔다. 내가 여기서 스스로 움직이지 못한다면 죽게 될 수밖에 없다. 지금 내가 살 방법은 하늘에서 하나님이 내려와 구해주시면 살 수 있을까?

　생각은 생각의 꼬리를 물고 이어지는데 불길한 생각을 안 하려고 해도 자꾸 불길한 생각만 들었다. 불길한 생각이 깊어지면 깊어질수록 마음은 더 불안하고 초조해졌다. 어머니를 생각하니 엉엉 소리 내어 울고 싶은 생각만 들었다. 해는 넘어가려고 하고 내가 걸려 앉아 있는 곳은 벌써 그늘이 졌다. 햇빛이 없어지니 춥기 시작했다. 다급한 마음에 수행 기도 소리가 저절로 나왔다.

　그동안 수행을 하면서 크고 작은 어려움은 몇 차례 있었지만 이렇게 몸을 움직이지 못할 정도로 다쳐 본 적은 처음이다. 굴러떨어질 때 나무가 없었더라면 아마 개울 밑까지 굴러 내려갔을 것이다. 그리고 나는 그 자리에서 불행하게 되었을지도 모른다. 개울에 위험한 바위, 돌들이 많이 있으므로 그 돌들에 몸이 부딪혔다면 죽을 수밖에 없을 것이다. 그런데 나무에 걸쳐져서 살게 되었다. 살기는 살았지만 팔과 다리가 부러진 것인지 알 수 없고 몸을 움직일 수 없으니 답답하기만 했다.

산은 위험하다는 것을 늘 생각하고 있었지만 이런 일을 당하리라고는 미처 생각하지 못했다. 이렇게 앞일을 몰라서야 수행했다고 할 수 있을까? 앞으로 어떻게 수행을 지속할 수 있을까? 참으로 나 자신이 부끄럽고 한심했다.

아무리 생각해도 이 추운 겨울밤 얼음 위에서 살아날 방법은 없었고 이 위기에서 벗어나 살길은 안 보였다. 생각이 막막했다. 산에 기도하러 갔다가 죽은 사람, 불구가 된 사람이 있다는 말을 들은 적이 있다. 히말라야산맥을 등반하다가 사고로 죽은 사람이 얼마나 많은가? 사고로 죽은 자 모두는 억울할 것이다. 나도 이렇게 여기서 죽는다면 억울하다.

내가 무엇을 잘못했을까? 잘못이 없다면 나에게 어떤 깨달음의 답을 주시려고 이 같은 위기와 시련을 주시는 것일까? 내 수행 꿈은 이제 여기까지인가? 아무리 생각해도 살아날 방법이 떠오르지 않고 스스로 내 인생을 포기할 생각을 하게 되었다.

이렇게 가려고 그동안 전국을 걸어 다니며 힘든 수행을 했던가? 왜 내가 삶에 집착하고 죽음을 두려워할까? 죽은 다음 일을 모르기 때문에 죽음이 두려운 것일 것이다. 죽은 다음 일을 아는 자가 있을까? 죽은 다음의 일을 알면 삶에 집착할 일도 없고 두려울 것도 없을 것이다. 나도 죽은 다음 일을 모르기 때문에 집착하고 두려운 것일 것이다.

내 인생이 여기까지라고 생각하니 한결 마음이 편안해지고 두려움과 불안한 마음이 점차 사라졌다. 집착을 버리고 죽음을 두려워하지 않고 받아들이면 불안할 이유가 없다. 두려움이란 살려고 하는 데서, 앞일을 모르는 데서 생기는 것이다.

'이왕에 가는 길인데 불안하고 두려운 마음으로 가면 안 되지. 어머니가 언제나 나와 동행하고 있다고 하셨으니 지금도 나는 혼자가 아니야. 어머니와 같이 있는 거야. 내가 아파하고 괴로워하면 어머니도 같이 힘들어하시겠지.'

이렇게 생각하니 어머니를 생각해서라도 두렵고 약한 마음을 버려야겠다는 생각이 들었다. 나는 어머니를 생각하며 그 자리에서 수행 기도를 하기 시작했다. 이제 땅 위에서 내가 육신을 가지고 하는 수행이 마지막이 될지도 모르는 일이었다. 마음은 무거웠고 생각은 깊어졌다.

그런데 순간, 마치 어머니가 옆에 계신 듯 말씀하시는 소리가 들려왔다.

"아들아, 두려워 마라. 엄마가 있다."

어느새 내 눈에서는 눈물이 흘러내리고 있었다. 소리 없이 흘러내리는 눈물이 멈추지 않았다. 울지 않으려고 애를 써도 눈물이 자꾸만 났다.

"엄마, 내가 조심하지 않고 방심해서 다친 거야. 엄마 미안해. 엄마 용서해 주세요."

어머니를 생각하니 마음이 한없이 편안해졌고 찬바람이 불어와도 추운 것도 아픈 것도 견딜만했다. 더는 두렵지도 외롭지도 않았다. 눈물은 흐르지만 내 얼굴에 미소가 생기는 것 같았다.

생명의 은인, 명길 할아버지

어머니 생각에 집중하고 있는데 어디선가 사람 소리가 들려왔다. 사람 소리가 그렇게 반갑고 기쁜 것도 처음이었다. 고개를 들어보니 훤칠한 키에 파 뿌리처럼 하얀 머리를 길게 늘어트린 노인이 내게 다가오고 있었다. 노인은 턱수염도 길게 길렀고 아래위 하얀 저고리에 흰 두루마기를 입고 있었다.

노인은 나를 보자 대뜸 물었다.

"해가 넘어가는데 빨리 내려가지 않고 왜 이 깊은 산속에 앉아 있는 게요? 지금 내려가도 어둡기 전에 산을 다 내려가지 못할 텐데."

나는 너무나 반갑고 다급한 마음에 도와 달라고 소리쳤다.

"할아버지 저 좀 도와주세요. 살려주세요. 할아버지께서 안 도와주시면 저는 오늘 밤에 여기서 추워서 얼어 죽게 될 것입니다. 개울물 떠 가지고 산에 올라가다가 미끄러져 몸을 다쳤습니다. 움직일 수가 없어요. 저를 산 위에 있는 바위 밑까지만 데려다주세요. 저 좀 도와주세요."

할아버지는 어떻게 도와주면 되겠냐고 물으시며 내게 다가오셨다.

"내 갈 길도 중요하지만 젊은 사람이 몸을 다쳐 못 움직인다는데 어찌 못 본 척 갈 수 있겠나? 상처가 크게 났구먼. 많이 아프겠는데. 산에서 다쳤을 때는 흙이 상처를 낫게 하는 약이 되지. 청년 거처로 가서 흙 약을 구해 상처를 낫게 해야겠구먼."

할아버지는 나를 업고 산길을 올라 내 바위 집까지 데려다주셨다. 그리고 내게 물으셨다.

"무슨 사연으로 이 추운 겨울에 깊은 산속에서 고생하며 사는 게야?"

"수행하기 위해 왔습니다."

"어린 나이에 꿈도 용기도 기백도 대단하네. 그런데 몸 다친 상태를 보니 동네로 내려가는 게 좋을 것 같아."

나는 할아버지 말씀은 고맙지만, 수행을 포기할 수 없었다.

"할아버지 덕분에 제 바위 밑 거처까지 왔으니 수행을 포기하고 내려갈 수는 없습니다."

내가 할아버지께 말씀드리니 할아버지는 몸이 좋아진 다음에 수행해도 되지 않겠냐고 하시며 재차 내려갈 것을 권하셨다. 그러나 나는 이제 살았다는 마음에 이대로 수행을 포기할 수 없었다. 내가 수행을 고집하자 할아버지께서 말씀하셨다.

"그럼 저 산 아래에 있는 물은 어떻게 퍼올 것이며 이 좁은 바위 밑 안에서 대소변을 보고 그 자리에서 자고 먹고 지낼 것인가?"

나는 할아버지 말씀에 얼른 대답을 못 했다.

"내가 어려울 때는 도움을 받고 또 내가 힘이 있을 때는 어려운 사람을 도와주며 사는 것이 사람 사는 이치지. 그렇게 수행을 고집하니 혼자서 산 아래에서 물을 퍼올 수 있을 때까지 도와줄 사람을 내가 보낼 테니 거절하지 말고 받아주게. 그리고 나중에 갚으면 돼. 난 일이 있어서 이만 가야겠네. 내 부탁을 꼭 들어주길 바라네."

할아버지께서는 내게 부탁한다고 말씀하셨다. 나는 고맙다고 인사를 드리며 할아버지께 물었다.

"부탁이라니요? 제가 감사하다고 인사를 드려야 되는데 왜 할아버지께서 저한테 부탁이란 말씀을 하시는지요? 할아버지

존함을 여쭤도 될까요?"

"충주에서 제천 쪽으로 가다 보면 청풍이란 곳이 있는데, 청풍에 가서 명길 할아버지 집이 어디냐고 물으면 내 집을 가르쳐 줄 거야. 내 집은 한옥 기와집이라 찾기가 쉬워. 언제고 산에서 내려올 때 찾아오면 만날 수 있어. 자, 그럼 다음에 보자고. 내가 내려가 곧 사람을 보내겠네."

"예 고맙습니다. 그런데 할아버지께서는 무슨 일로 이 추운 날 산속에 오셨나요? 해가 벌써 넘어갔는데 어떻게 산을 내려가 동네까지 가시려고요?"

"괜찮아. 이 노인 걱정은 안 해도 돼."

명길 할아버지 덕분에 내가 살았다. 한겨울 추운 밤에 얼음 위에서 죽지 않고 바위 밑 내 집으로 왔다는 것이 꿈만 같았다.

옥천 아가씨의 도움

할아버지가 가시고 난 후 한참 시간이 지났다. 캄캄한 밤이 되었는데 밖에서 사람 소리가 들렸다. 할아버지 부탁을 받고 왔다고 했다. 들어오라고 하니 20대로 보이는 여자가 내 집으로 들어왔다. 얼굴이 예쁘고 잘 생겼다. 어둡기는 했지만, 달빛이 있어서 얼굴을 볼 수 있었다.

너무 반갑고 좋았지만, 여자를 보는 순간 걱정이 되었다. 바위 집은 나 혼자만이 쓸 수 있게 만들어진 좁은 공간이다. 그런데 여자는 산에서 내려가지 않고 내 아픈 몸이 다 나아서 나 혼자 산 아래에 가서 물을 퍼올 수 있을 때까지 나를 도와주러 왔다고 했다. 이 좁은 공간에서 같이 있어야 하는데 아가씨는 어디에서 잠을 자고, 나는 혼자서 대소변을 못 보니 도움을 받아야 하는데 부끄럽고 창피해서 어쩌나 하는 생각에 참으로 난감했다. 할아버지께서 남자를 보내셨으면 내 마음이 좀 편할 텐데, 아가씨가 왔으니 이 일을 어쩌나 고민이 되었다.

그냥 내려가라고 하려 해도 지금은 깊은 밤이라 산에서 내려갈 수도 없다. 건장한 남자의 빠른 걸음으로도 내려가는데 2시간 이상이 걸린다. 도와줄 사람이 왔다는 것은 아주 고마운 일이지만 아가씨라서 마음이 불편했다. 한참을 생각에 잠겨 말없이 있으니 아가씨가 내게 물었다.

"무엇을 그리 생각하십니까? 도와주라고 부탁하셨고 또 도와주려는 마음에서 왔는데 제가 온 것이 반갑지 않으신 가 봐요. 무엇 때문에 불편하신지요?"

나는 내 마음의 불편함을 사실대로 말했다. 내 말을 듣던 아가씨가 단호하게 말했다.

"나를 여자로 보지 말고 남자라고 생각하면 되는데 왜 여자로 생각하나요? 수행한다는 분이 왜 나를 여자로 보면서 불편하게 생각하십니까? 생각을 바꾸세요. 아가씨가 아니고 남자입니다. 저의 이름은 옥천입니다. 그러니 옥천군이라고 부르세요. 그리고 미안하다거나 부끄럽고 창피하다고 생각하지 마세요."

그리하여 나는 옥천 아가씨와 같이 지내게 되었다. 옥천 아가씨는 나의 불편한 모든 것을 도와주었다. 하루 몇 차례씩 산 아래에 내려가 물을 퍼오고 아픈 팔과 다리를 만져주고 수행할 수 있게 도와주었다. 먹을 것은 미숫가루가 전부였지만 같이 미숫가루를 나누어 먹으며 지냈다. 내가 수행을 할 때면 내 옆에 앉아 같이 수행 기도를 하기도 했다.

그렇게 지낸 시간이 제법 흘러 깊은 산에도 봄기운이 돌았다. 내가 다친 것이 그해 4월 (음력 3월경)이었으니 달력도 시계도 없어 정확한 시간은 모르지만, 따뜻한 봄기운이 느껴지는 것으로 보아 음력 5월은 되는 것 같았다.

나는 처음에는 같이 있는 것을 불편해했는데 시간이 지날수록 나도 모르게 의지가 되었다. 수행에 도움이 되니 이제는 간다고 할까 봐 은근히 걱정되었다. 이미 팔다리는 다 나았지만, 가끔 아픈 표정을 지으면 옥천 아가씨도 간다는 말을 못 했다. 그러나 내 마음대로 언제까지 같이 있을 수는 없는 일이었다. 어느 날 옥천 아가씨가 내게 말했다.

"이제 몸이 완치된 것 같고 겨울도 지나고 봄이 되었으니 저는 이만 내려가야겠어요. 필요한 것이나 부탁할 것이 있으면 말하세요."

나는 동네에 내려가지 않고 계속 수행하려면 미숫가루와 소금이 있으면 좋겠다고 했다. 그리고 옥천 아가씨를 만나려면 어디로 찾아가면 되느냐고 물었다.

"명길 할아버지가 계시는 집에 오시면 만날 수 있습니다. 부디, 열심히 수행하시길 바랄게요. 그리고 힘들고 어려운 일이 있으면 언제든 저를 불러주세요."

죽음의 위기에서 극적인 도움을 받아 살아난 것을 생각하니 꿈을 꾸고 있는 것 같았다. 옥천 아가씨가 내려가고 난 후에도 얼마간은 옆에 함께 있는 것 같이 느껴졌다. 내가 지금까지 전국을 돌아다니며 많은 사람을 보았는데 옥천 아가씨처럼 모든 면에서 완벽한 사람은 만나보지 못했다.

옥천 아가씨는 키도 크고 날씬하고 얼굴도 예뻤다. 얼굴에는 언제나 미소와 눈웃음이 있고 맑고 편안해 보였다. 대화하면 높은 곳에서 낮은 곳으로 물이 흘러가듯이 서로 막힘 없이 이야기가 잘 되었다. 세상 남자라면 모두 좋아할 얼굴, 신체, 마음은 물론, 넓은 배려심, 깊은 이해심, 그리고 툭툭 튀어나오는 상상과 창의적인 지혜의 말을 갖춘 사람이다.

나는 참으로 복이 많다. 이 깊은 산속에서 죽을 위기에 저렇게도 미모가 뛰어난 아가씨가 나를 도와주고 긴 시간을 함께 지낼 수 있었다는 것은 큰 복이고 행운 중의 행운이다. 명길 할아버지도 옥천 아가씨도 참으로 고맙다. 산에서 내려가게 되면 할아버지와 옥천 아가씨를 꼭 찾아가 밤새우며 대화를 해야겠다고 생각했다. 그리고 어떻게 해야 죽음에 처한 나를 구해준 은혜를 갚을 수 있을까 생각했다. 나는 수행을 더 심도 있게 하게 되었다.

내 생에 가장 큰 슬픔

산 아래에 내려가 목욕하고 바위에 앉아 수행하고 바위 밑 내 집으로 돌아오니 방안에 큰 보자기가 있었다. 나는 황급히 산 주위를 둘러보았으나 아무도 보이지 않았다. 틀림없이 옥천 아가씨가 놓고 갔을 것이다. 보자기를 열어보니 자루에 잘 만든 미숫가루와 소금이 있었다. 1년은 넘게 먹을 수 있는 양이었다. 자루를 들어내니 그 밑에 하얀 종이가 있었다. 옥천 아가씨가 쓴 편지였다.

그녀는 나에게 고맙다고 하고 그녀도 나를 생각하고 있으며 산에서 내려오면 잊지 말고 자신을 찾아오라고 했다. 또 자신에게 시킬 일이 있으면 불러달라는 내용이었다. 다른 말은 다 이해가 되고 좋은데 시킬 일이 있으면 자신을 불러달라는 말은 이해가 잘 안 되었다.

내가 여기에 있는데 어떻게 옥천 아가씨를 부를 수 있을까? 내가 여기에서 큰 소리로 불러도 내 목소리가 산 아래 개울까지 갈지도 의문이다. 여기서 청풍까지 거리가 얼마나 되는지도 모르는데 어떻게 내가 이 산에서 옥천 아가씨를 부를 수 있을까? 여기서 산모퉁이 몇 개를 돌아서 내려가야 동네가 있는데 참으로 이상하다. 궁금하지만 궁금증을 풀 길이 없는 가운데 악산에서 3년이란 긴 수행을 마치고 하산하게 되었다.

악산에서 있었던 일은 죽을 때까지 잊지 못할 체험이었다. 산에서 내려오는 마음도 발걸음도 가벼웠다. 보고 싶은 어머니를 만날 생각을 하니 마음은 벌써 어머니에게 달려가고, 명길 할아버지와 옥천 아가씨를 다시 볼 생각을 하니 가슴이 뛰었다. 오랜만에 동네로 내려와 먹고 싶은 밥과 된장, 김치, 고추장도 먹을 수 있다. 그 생각에 벌써 입안에 군침이 돌았다. 보고 싶은 사람을 만나고 반가운 대화를 밤새워서 할 것이다.

나는 이번 수행에서 가장 큰 위기를 겪었고 또 가장 큰 행운을 얻었다. 그런데 이번 수행 후 내 생에 가장 큰 슬픔이 바로 눈앞에 기다리고 있을 줄은 그때까지는 상상도 못 했다. 내가 가장 보고 싶어 하던 어머니가 내가 하산한 다음 날 돌아가셨다.

나를 보자마자 돌아가신 어머니. 한마디 말도 나누지도 못하고 한마디 말씀도 남기지 않으시고 나를 버려두고 먼 길을 가셨다. 나누고 싶은 이야기도 못 나누고, 듣고 싶은 이야기도 듣지 못했다. 나에게 이보다 더 큰 슬픔, 이보다 더 큰 아픔은 없다.

산에서 위기와 어려움을 극복한 일, 행운의 귀인을 만난 일, 밤새워 가며 긴긴 대화를 나누려고 가슴속에 차곡차곡 담아 설레는 마음으로 돌아왔는데 어머니는 나를 기다리지 않고 가셨다. 나는 아무 말씀도 없이 가신 어머니가 그토록 야속하고 원망스러울 수가 없었다.

이제 나는 어떻게 해야 하나? 왜 나는 이런 슬픔과 외로움을 겪어야 하나? 어머니가 안 계신 이 세상을 나는 무슨 힘으로 살아갈 수 있을까? 수행하며 있었던 일, 수행하며 했던 생각을 누구와 나눌 수 있을까? 이 세상에 누가 나와 같은 외로움과 슬픔을 가진 사람이 또 있을까? 어머니가 가신 곳은 얼마나 먼 곳일까? 그 먼 길, 홀로 힘들고 외로운 길은 아닐까?

모든 것이 내 잘못이다. 중간에 산에서 내려왔어야 했다. 다 내 잘못이다. 하늘은 왜 나에게 이런 외로움을 주시는 걸까? 하늘은 나에게 왜 이렇게 매정한 것일까? 왜 이런 아픔과 아쉬움을 평생 가슴 속에 담아 묻고 살게 하시는 것일까? 나 이제 어떻게 해야 하나? 눈앞이 캄캄하고 숨이 멈출 것 같았다.

하늘이여, 이렇게 하는 것이 하늘의 일이고 하늘의 뜻입니까?
왜 이런 모질고 매정한 아픔을 저에게 주십니까?
이제 이 아픔과 슬픔을 누구와 이야기해야 합니까?
어머니, 그리운 어머니, 내 이런 모습 보고 계시나요?
어머니의 아들, 제 모습 보이시나요?
내 아픈 마음의 소리 들리시나요?
나 이제 어떻게 하나요? 우리 다시 만날 날은 있을까요?
우리 다시 대화할 날이 있을까요?
아무 말씀도 없이 나를 버리고 가신 어머니...
소리 내어 불러도 이제 대답 없을 어머니...

하늘만 쳐다볼 뿐 눈물도 소리도 나오지 않았다. 세상 모든 사람이 행복해 보이는데 나만 외롭게 생각되었다. 세상 모든 사람 가슴속은 밝고 환한데 내 가슴만 슬픔의 고통으로 검게 타는 것 같았다. 그토록 먹고 싶었던 것들도 아무 생각이 없어졌다. 하루를 아무것도 먹지 않고 꼼짝도 하지 않았다. 이대로 숨이 멈추길 바랐는지도 모르겠다. 그러다 문득 예전에 하신 어머니 말씀이 떠올랐다.

'그래. 어머니는 나를 버리지 않았어. 언젠가는 다시 만나게 될 날이 있을 거야. 어머니는 항상 나와 함께 계신다고 하셨잖아. 나를 외롭게 하지 않으실 거야.'

마음을 다스리고 자신을 스스로 위로했다. 그리고 청풍으로 가야겠다고 생각했다. 명길 할아버지 댁에 가면 할아버지도 만나고 옥천 아가씨도 볼 수 있을 거라는 기대와 희망이 슬픔과 어둠에서 나를 일으켰다.

'그분들은 내 생명의 은인이야. 그리고 가족 같은 인연이야. 나도 보고 싶은 사람이 있고 만나서 대화할 사람이 있어. 그래, 난 외롭지 않아. 나는 행복해. 어머니가 먼 길 가시려고 명길 할아버지와 옥천 아가씨를 만나게 해 주신 거야.'

청풍으로 가려고 생각하니 마음에 한결 위로가 되고 벌써 마음은 그분들을 만나고 있었다.

외로운 새 한 마리

발걸음을 재촉해 청풍에 도착하니 그리던 사람을 만날 기대에 가슴이 뛰었다. 급한 마음에 동네를 뛰어다니며 물어물어 명길 할아버지 댁을 찾아갔다. 대문을 뛰어들어가 할아버지를 찾아왔다고 말했다. 집 안에서 나온 분들이 놀란 듯 무슨 일로 찾느냐고 물었다. 나는 급한 마음에 집안을 향해 큰 소리로 소리쳤다.

"할아버지 제가 산에서 내려왔습니다. 할아버지께서 꼭 한번 오라고 하셨잖아요. 저 왔습니다."

느닷없는 내 소리에 사람들이 모여들었다. 그중 한 분이 내게 물었다.

"나이 어린 청년이 무슨 연유로 할아버지를 찾는 게요?"

"그 말은 할아버지께서 해 주실 것입니다. 빨리 할아버지를 만나게 해 주세요."

"글쎄, 이름은 맞는데 잘못 찾아온 것 같으니 다른 곳에 가보세요. 우리 집은 아닌 것 같으니."

"할아버지 집에 오면 할아버지께서 소개해 주신 옥천 아가씨를 만날 수 있다고 하셨는데, 그럼 옥천 아가씨를 보게 해 주세요."

내 말에 80세도 훨씬 넘어 보이는 할아버지 한 분이 집 안에서 나오시며 내 주위에 몰려든 사람들을 보고 말했다.

"무엇들 하느냐? 얼른 저 청년을 집안으로 들여라."

나는 명길 할아버지와 옥천 아가씨를 만날 수 있을 것으로 생각하고 얼른 집 안으로 들어갔다. 어르신은 그분들이 어디에 있는지 가르쳐 주시지는 않고 할아버지를 어디에서 어떻게 만났는지, 무슨 대화를 했는지 내게 자세히 물으셨다. 그래서 나는 산에서 있었던 일을 모두 말씀드렸다. 어르신이 말했다.

"청년이 본 명길 할아버지는 내 아버지이고, 옥천은 할아버지의 딸이면서 내 누이가 된다네."

나는 어르신 말을 들으니 화가 났다. 80세도 넘어 보이는 노인이 명길 할아버지의 아들이고 옥천은 자신의 누나라니 이 무슨 헛소리인가 싶었다. 명길 할아버지도 옥천 아가씨도 이 세상 사람이 아니었다. 이미 저세상 사람이 된 지 오래된 분들이란다.

나는 너무도 기가 막혔다. 이 말을 믿어야 하나, 말아야 하나. 죽은 사람이 산 사람과 말을 하고, 음식을 같이 먹고, 잠도 같이 잤다. 그것도 며칠이 아닌 몇 달을 그렇게 지냈다. 그런데 그분들이 귀신, 죽은 사람이라고? 나는 화가 나고 매우 속상했다.

내가 못 믿으니 어르신은 자신을 따라오라고 했다. 집 뒤 한옥으로 예쁘게 지은 사당 안으로 따라 들어가니 그분들의 초상화와 사진이 걸려 있었다. 분명 산에서 본 명길 할아버지와 옥천 아가씨의 모습이었다. 초상화와 사진을 보니 이분들이 돌아가신 분들이라는 것을 믿을 수밖에 없었다.

명길 할아버지는 미국에 사시면서 미국 대학교수로 일하셨고 옥천 아가씨도 아버지와 같이 미국에서 공부했다고 한다. 그리고 다른 형제들과 어르신도 미국에서 사셨는데 어르신은 80이 되어 고향 땅에서 죽고 싶어서 오셨다고 했다.

명길 할아버지는 큰 학자로 이름난 분이시고 한국을 매우 사랑하셨다고 한다. 옥천 아가씨는 똑똑하고 예뻐서 학교에서 사랑받는 사람이었고 인정이 많아 사람들이 잘 따랐다고 한다. 21세 때 한국을 다니러 왔다가 급성 맹장으로 결혼도 못 하고 돌아가셨다고 한다. 명길 할아버지는 한국을 다니러 나온 귀여운

딸이 죽었다는 소식을 듣고 한국에 돌아와 매일같이 옥천을 보고 싶어 마음 아파하시다가 옥천 아가씨가 돌아가시고 난 2년 후에 돌아가셨다고 한다.

명길 할아버지와 옥천 아가씨의 산소는 월악산 줄기 3부 능선에 제천과 청풍을 바라보는 곳에 모셨다고 한다. 어르신은 아버지도 옥천 누나도 돌아가신 후 단 한 번도 꿈에 보인 일이 없었다고 하셨다. 보고 싶은 마음, 설레는 마음을 가지고 찾아온 사람들이 이 세상 사람이 아니라고 하니 허망하기 짝이 없었다. 무거운 마음으로 명길 할아버지 댁을 나올 수밖에 없었다.

나는 매우 혼란스러웠다. 그리고 궁금증과 호기심이 쌓이기 시작했다. 죽은 사람과 산 사람이 만나 대화를 하고 긴 날을 함께 지냈다는 것은 쉽게 받아들이고 이해하기 어려운 일이다. 나 자신도 받아들이고 이해하기 어려운 일이지만, 이 일을 누구나 쉽게 받아들이고 이해할 수 있도록 죽은 사람과 상봉하고 대화하는 길을 반드시 찾아야겠다는 생각이 강하게 들었고 또 확신도 들었다.

분명 산에서는 산 사람들처럼 만나 같이 생활했었다. 그렇다면 언젠가 또 만날 수 있을지도 모른다. 산에서 만났는데 앞으로도 못 만날 이유가 없다. 게다가 옥천 아가씨가 부탁할 일이 있으면 자신을 불러달라고 분명히 말했지 않은가! 그리고 미숫가루와 소금을 내 집에 가져다 놓지 않았는가!

이렇게 생각하니 청풍에서 들은 어르신의 말은 그다지 신경 쓸 필요가 없다는 생각도 들었다. 죽은 사람과 만나 대화하는 길을 찾는 일, 이런 일은 내가 해야 했다. 전국팔도를 통틀어 나와 같이 어렵고 힘든 길을 만들어 찾아가면서 수행하는 사람이 있다는 말을 들어보지 못했다.

아, 이제 나는 어디로 가야 하나? 찾아갈 곳도 머물 집도 없다. 나를 기다리는 사람도 없다. 넓은 세상에 홀로 버려진 외로운 한 마리 새 신세가 되었다.

광산 일

깊은 산에 들어가기가 조금은 두렵고 싫어졌다. 악산에서 죽을 고비와 위험한 일을 당했기 때문에 동네에서 가까운 산을 정해 수행하기로 했다. 동네가 가깝다는 생각만으로 많은 위안이 되었다.

그런데 또 다른 어려움이 있었다. 동네 부근에서 수행하다가 도둑, 간첩이라는 오인을 받게 된 것이다. 경찰 조사에 여러 번 시달리게 되니 수행이 안 되었다. 나를 범죄자로 보고 미행을 하고 경찰서에 오라 가라 하는데 어떻게 깊은 수행을 할 수 있겠는가? 하는 수 없이 또다시 큰 산으로 갈 수밖에 없었다. 그리하여 몰두해서 하는 긴 수행을 못 하고 짧은 기간을 정해 분산 수행을 하기 시작했다. 어머니가 돌아가시고 난 후, 수행이 끝나면 내가 먹으며 수행할 수 있는 자금을 내가 스스로 벌어야 했다.

내가 할 수 있는 것은 수행 말고는 없었다. 어느 시골이든 농사를 안 하는 곳은 없으므로 농사일을 도우며 돈을 벌 수 있지만, 농사일로 충분한 돈을 벌기는 어려웠다. 그래서 나는 광산으로 가기로 했다.

충주, 단양, 문경, 점촌, 영월, 제천, 덕산, 월악, 태백, 황지 등에는 탄광, 철광, 중석 광, 형석 광, 동광 이외에도 광산이 많았다. 광산에서도 땅굴에 들어가 일하는 것은 똑같은 시간을 일해도 돈을 많이 받았다. 땅이 언제 무너질지 모른다는 위험 때문이었다.

석탄은 크게 두 종류가 있다. 태백 철암, 황지, 영월 기타 지역에서는 검은 석탄이 나고 문경에서는 붉은 조개탄이 난다. 연탄은 가정에서 쓰는 물 묻은 세숫비누보다 더 미끄럽다. 형석은 다이아몬드같이 빛나고 무지개 같은 색이 난다. 형석을 처음 보는 사람들은 유리나 보석 같다고 말한다. 그런데 석탄만큼이나 미끄럽다. 석탄은 가볍고 형석은 무겁다. 석탄은 전량 국내에서 소비하지만, 형석은 석탄보다 100배나 비싸고 전량 일본으로 가지고 갔다. 우리나라에서 철은 많이 나지 않지만, 석탄은 많이 났다. 지금도 땅속에서 꺼내고 있다.

우리나라에서 나는 광물 중 금 다음으로 비싼 광물은 중석이다. 중석은 현재 쇠를 강하게 하거나 쇠를 자르는데 다이아몬드 칼과 같이 사용하고 있다. 무엇이든 독성이 있지만, 광물에도 중석에는 강하고 살인적인 독성이 있다. 중석 광에서 2년만 일하면 폐병에 걸려 죽는다는 말이 있다. 사람들은 그것을 알기 때문에 중석 광산 굴속에 들어가는 일을 싫어한다. 그래서 중석 광산에서 광물 캐는 일은 다른 광산에서보다 5배 이상 돈을 더 준다. 그래도 아주 급한 사람이 아니면 중석 광에는 안 가려고 한다.

광산에서도 여러 기술자가 다양하게 있다. 나는 짧은 시간에 돈을 많이 벌기 위해 남들이 하기 싫어하는 일을 하기로 했다. 같은 땅속에 들어가 일해도 일당을 받는데 등급이 있다. 위험한 곳은 위험수당도 있다.

땅속이 복잡한 데는 서울 종로거리와 코엑스 지하, 강남 지하철역보다 더 복잡하다. 깊은 곳은 40~50층 아파트 높이와 같은 땅속도 있고 축구장같이 넓은 곳도 있다. 탄광과 탄광 굴이 위험한 것을 안전하게 만들 수만 있다면 한국에서 제일가는 관광명소가 될 것이다. 지진과 화산으로 만들어진 천연 동굴이 단양, 삼척, 그 외 지역에 있다고 하나 광산 땅굴 규모에 비할 바가 못 된다.

　인간 몸속에 있는 핏줄과 같이 땅속에도 광맥 줄이 있다. 신기하고 신비스럽다. 땅속에는 신비스러운 것들이 참으로 많다. 우리가 사는 세상에서 사용되는 모든 것들이 다 땅에서 나온 것들이다. 흙이 없다면 인간은 살 수 없을 것이다. 그러나 흙의 고마움과 귀함을 모르는 가운데 살고 있다. 사람은 남의 더러운 약점을 찾아내 비판, 공격, 배신하지만, 흙은 세상 모든 쓰레기를 덮어주고 비밀을 지켜주고 배신하지 않는다.

　탄광 굴속은 여름에는 시원하고 겨울에는 따뜻하다. 내가 광산 일을 했다는 것을 사람들은 안 믿을 수도 있다. 나는 기술자도 전문가도 아니다. 그저 수행에 필요한 돈을 마련하기 위해 물불 안 가리고 일했던 노동자였다. 내가 광산에 대해 자세히 말하는 것은 수행하고자 하는 사람들에게 내가 수행하기로 정한 장소를 소개하며 산에 대해 참고가 될 것으로 생각해서 말하는 것이다.

사고는 그 누구도 예외가 없다.

나는 한국에 있는 광산에는 거의 다 가서 일해 보았다. 위험하기는 탄광과 형석 광이 제일 위험하다. 형석 광에서 일할 때 나는 또 한 번의 죽을 고비를 맞았다. 땅속에 무려 7일 동안이나 갇혀 있다가 살아나온 것이다.

50~60년대 가난한 사람들은 저 밀림에서 사는 사람들과 같은 처지에서 살았다고 해도 지나치거나 과한 말이 아니다. 그 시대에도 똑똑하고 영리한 사람, 혹은 선과 양심을 외면하고 버린 사람들은 힘든 일 안 하고 풍족하게 먹고 돈을 물 쓰듯 쓰면서 영웅 황제같이 살았지만, 글을 배우지 못했거나 똑똑하지 못한 사람, 선과 양심을 버리지 못한 사람들은 오로지 굶지 않고 먹고 입는 것에 노예가 되어서 살았다. 그래서 위험하고 죽을

것을 알면서도 먹고 입는 것이 목숨보다 먼저였다. 먹고 입는 것을 해결할 수 있다면 불나방같이 위험한 일에도 사람들이 모여들었다.

그 시대는 땅속의 광물을 캐는 데에만 힘쓰고 안전에는 돈이 많이 들기 때문에 관리가 부실했다. 그래서 광산에서 일하는 사람들이 많이 다치고 많이 죽었다. 요즘은 세계 곳곳에서 일어나는 일이 휴대폰, 인터넷으로 신속하고 빠르게 전 세계로 알려지지만, 50~60년대에는 그러지 못했다. 신문이 있기는 했으나 도시와 부자들에게 국한된 것이었고 광산과 시골에는 신문 같은 것도 없었다. 그래서 사고 나는 것, 죽는 것이 세상에 알려지기가 어려웠다. 또 지금과 같이 사고와 죽는 것을 중요하게 여기지도 않았다. 수없이 다치고 죽어도 그만이었다. 죽는 사람만 억울할 뿐이었다.

내가 7일간 땅속에 갇혀 있다가 스스로 살아나올 수 있었던 것은 수행했기 때문이다. 땅속에서 살아나와 알게 된 일인데, 광산 입구가 크게 무너졌을 때 내가 땅속에 있는 것을 알았지만 어찌할 도리가 없어 모두 포기하고 돌아갔다. 그 시대는 흙을 파내는 일을 모두 사람의 힘으로 하던 시대였다. 삽이 최고의 기계이고 기술이었다. 지금은 기계 없이 사람이 삽으로 무너진

산 흙더미를 파내는 것은 상상도 할 수 없는 일이다.

국가에서 하는 일이라면 다르겠지만 광산은 아주 큰 광산을 빼고는 영세한 사업가들이 했다. 따라서 땅속에 사람이 살아있는 것을 알아도 구출을 포기하는 경우가 많았다. 하물며 내가 땅속에 갇혀 살았는지 죽었는지도 알 수 없는 가운데 구출이란 생각할 수도 없다. 사람을 구출하지 않고 인부들을 모두 철수시킨 광산 사장이 있다면 요즘은 당장 구속되어 감옥행이겠지만 그 시대는 그런 처벌도 법도 없었다. 사고로 사람이 죽어도 사업주가 처벌받는 일이 없고 보상 같은 것도 물론 없었다. 가난한 자의 생명이란 그다지 중요하지 않은 시대였다.

땅굴 속에 갇혔을 때, 나는 악산에서 위험한 일을 당했을 때처럼 심도 있는 수행을 했다. 죽음의 위기에서 하는 수행은 다르다. 종교인들이 안전한 건물 안에서 하는 기도와 바다 한가운데서 풍랑을 만났을 때 하는 기도는 격이 다르다. 죽을 위험을 당한 상태에서, 또 추가로 땅이 무너질지도 모른다는 극도로 불안한 상황에서 하는 수행은 다르다. 머리가 아닌 가슴으로 하는 절절한 기도가 나온다. 사람에게는 살고 싶어 하는 본능이 있기 때문이다.

6일간 물도 못 먹고 간절한 수행을 했지만, 굴을 빠져나갈 희망은 보이지 않았다. 종교인들이 자진해서 하는 금식, 단식은 30일도 가볍게 할 수 있다. 하지만 극도로 불안한 죽음의 문턱에서 6일간 물 한 모금 마시지 못하는 것은 죽음과 같은 고통이다. 목이 마르고 배도 고프고 몸이 아파 더는 못 살 것 같았다.

'이제는 정말 죽는구나.' 하는 순간에 불현듯 도움이 필요하면 자신을 불러 달라던 옥천 아가씨의 말이 떠올랐다. 그동안 옥천 아가씨는 까마득히 잊고 있었다. 생각도 안 하고 있다가 내가 위험한 일을 당하게 되니 옥천 아가씨를 찾는다는 것이 마음에 가책이 되었다. 아쉬우면 찾는 격이 되었기 때문이다. 그러나 어쩌랴. 숨이 막히고 또 땅이 무너져 완전히 묻힐 것 같은 불안공포에 염치 불고하고 옥천 아가씨를 애타게 불렀다.

7일째 되던 날, 이게 어찌 된 일인가! 옥천 아가씨가 내가 있는 곳으로 와서 얼굴을 보이며 따라오라고 하는 것이었다. 나는 옥천 아가씨를 따라 밖으로 나왔다. 그리고 깜짝 놀라 잠에서 깼다. 꿈이었다. 그렇지만 너무나도 생생했다. 나는 캄캄한 굴속에서 어디가 어딘지도 모르는 가운데 죽을 힘을 다해 내가 앉아 있는 머리 위쪽을 손으로 파기 시작했다.

죽기 살기로 파다 보니 굴 밖에서 부는 바람 소리가 가늘게 들려왔다. 그 소리가 살 수 있다는 희망을 안겨 주었다. 나는 계속해서 흙을 파 마침내 개구멍만 한 구멍을 뚫어 밖으로 나올 수 있었다.

내가 나온 곳은 굴이 무너지면서 나무가 쓰러지고 그 나무 위에 큰 돌이 얹혀 돌과 나무 사이에 어장이 생긴 곳이었다. 그 어장이 있는 것을 모르고 있었는데 옥천 아가씨가 꿈에 나타나 길을 가르쳐 주었기에 나올 수 있었다.

밖으로 나온 것이 땅속에 갇힌 지 7일 만이었다. 6일 동안 앉아서 구출만 기다리다가 7일째 내 손으로 흙을 파내어 스스로 땅속에서 나온 것이다. 나와 보니 인부들은 굴이 무너진 그 날부터 모두 철수하고 없었다.

내가 7일 만에 땅속에서 나와 마을을 찾아가니 '하늘이 구해 준 사람'이라고 하면서 반가워했다. 지금도 그곳을 가끔 가 옛일을 떠올려본다. 그리고 그곳에서 수행해본다. 내가 죽음의 문턱에서 살아나올 수 있었던 것은 첫째는 수행을 했기 때문이고, 두 번째는 옥천 아가씨가 영적으로 지혜를 주었기 때문이다.

지금도 세계적으로 매일 같이 각종 사고와 병으로 죽는 사람이 수천, 수만 명에 이른다. 세상 사람 중에는 사고와 불행한 일을 당해 몸부림치며 흐느껴 우는 사람들을 무감각, 무관심으로 바라보는 사람들도 있다. 그리고 저들의 애절한 피눈물을 자신과 자신의 가족, 친척들이 흘릴 수도 있다는 것을 상상하지 못한다. 자신과 자신의 가족과는 아무런 관계가 없는 것으로 생각한다. 그러나 이 세상에 사고와 불행한 일을 당해 죽는 일로부터 안전하게 예외가 되는 사람이 누가 있을까?

나는 말한다. 한 치 앞일을 모르면 사고와 불행한 일로 언제 죽게 될지 모르는 입장에서 살게 되고, 그러면 살아있어도 살아있는 것이 아니다 명길 할아버지와 옥천 아가씨가 또 나의 생명을 구해주었다.

3장

수행 정성의 진정한 의미

생각의 차이

광산에서 위험한 일도 무릅쓰고 억척스럽게 일했던 이유는 수행할 때 필요한 물자를 마련할 돈을 벌기 위해서였다. 나는 그것을 위해 안 해 본 일이 없다. 그래서 농사짓는 일도 전문가가 되었고 집을 짓는 건축 일에도 프로급이 되었다. 시간이 오래 걸리겠지만, 나는 건축가나 설계사의 도움 없이 사람이 들어가 살 수 있는 5층 건물도 혼자 지을 수 있다.

60년대부터 미국 트럭도 운전하고, 차 부속을 모두 뜯고 조립하는 것을 전문기술자 못지않게 할 수 있다. 그 시대는 차 부품이 없어서 손으로 깎고 만들어 쓰기도 했다. 요즘 어지간한 카센터 기술자는 나보다 기술이 못하다. 요즘은 차 고장이 많이 없어서 기술 배우기가 쉽지 않다.

나는 장사와 사업에도 능하다. '밑지는 장사는 없다'라는 말도 있듯이 장사는 무조건 이익을 많이 남기는 것이 최선이다. 나는 철학을 공부했기 때문에 이치와 사람들의 심리도 잘 알아 가끔 상담받으러 오는 사람들에게 장사의 기술을 전수해 주기도 한다.

장사해 돈을 버는 일에도 선과 양심대로 돈 버는 방법과 선과 양심을 버리고 남을 속여서 돈 버는 방법이 있다. 가족들의 안전과 미래 행복을 생각하는 사람은 선과 양심대로 돈을 벌고, 가족과 자식들의 안전과 미래 행복을 생각하지 않는 사람은 남을 속여서 돈을 번다. 얕은 생각으로 남을 속여서 돈 버는 것은 가족과 자식을 버리고 해치는 일이 되고 불행의 길로 몰아넣는 결과가 된다. 이런 장사는 오래가지 못한다. 원인이 좋으면 결과도 좋고, 원인이 악하면 결과는 불행, 비극으로 나타난다. 장사는 진실과 양심을 가지고 해야 한다. 그러면 어려움 없이 잘 된다. 내 말을 들으면 사람들은 감탄하고 당장 나가 장사를 해야겠다고 말한다.

이런 일들은 어렵고 힘든 일을 만들어 찾아가면서 남보다 부지런하고, 남보다 앞서서 생각하고, 남보다 앞서서 일한 까닭에 경험하고 터득한 일들이다.

나는 만 3년간 공장에서 일정 시간 일하면서 산에서 수행한 적도 있다. 깊은 산속 외진 곳에 있는 일본 사람이 세운 화학 공장에서였다. 이 공장은 돌과 쇠를 녹여 액체를 만들고 그 액체로 화학약품을 만드는데, 이 약품은 모든 제품의 원료로 쓰인다. 공장 주변에는 공장에서 나오는 독한 냄새와 연기로 나무가 죽어갈 정도였다. 지금은 이런 공장을 세워 가동하는 것이 불가능하지만 그 시대는 그렇지 않았다.

나는 24시간 중에서 8시간은 공장에서 일하고 나머지 16시간은 잠자는 시간만 빼고 모두 수행을 했다. 수행하기 좋은 조건이었던 것은 산악지대 숲속에 회사가 있었기 때문이었다. 산이 높고 덩치가 커서 3년간 수행하면서도 단 한 번도 외부에 노출당하지 않고 성공적으로 수행할 수 있었다.

이 시기에는 수행하면서 치열한 사회경험도 함께했다. 1년 동안 늘 부지런히 남보다 일을 많이 하고 잘 하니 모범근로자가 되었다. 모범근로자로 눈에 띄어 1년 후에는 300명이 근무하는 회사를 관리하게 되었고, 공장장의 안전을 지키는 경호 역할도 하게 되었다.

그때 당시 나는 회사에서 강도 높게 만든 벽돌을 수도로 3장까지 깨는 시범을 보였다. 망치로 1장 깨기도 쉽지 않을 정도로

강하고 단단하게 만든 벽돌이었다. 요즘 아파트, 주택을 지을 때 흔히 쓰는 시멘트 벽돌이 아니다.

내 몸무게가 70kg인데 200kg 이상 되는 짐을 어깨에 메고 10걸음 걸어가는 내기를 해서 이긴 적도 있다. 300명과 내기였다. 그런데 아무도 나처럼 하지 못했다. 평소 술 한 잔도 못 먹는 내가 고량주 많이 먹는 내기를 해서도 이겼다. 다음날 술 내기를 했던 사람 중 나만이 제시간에 출근해 일했다. 시골길을 자동차로 가는 것보다 내가 더 빨리 걸어가는 내기에서 내가 모두 이겼다. 공장장 경호하는 일을 인정받아 회사의 각종 사건·사고를 처리하는 해결사 역할도 했다.

사람은 누구나 자신의 몸무게의 3배를 지거나 들 수 있다. 그리고 자동차와 같이 빠르게 가는 축지법도 누구나 할 수 있다. 이 모두는 수행에 그 비법이 있다. 소주 한 잔만 먹어도 취하기도 하지만, 고량주 몇 병을 먹어도 안 취하는 방법도 수행에 있다.

나는 어릴 때부터 수행만 해왔다. 다른 것은 특별히 배운 것이 없다. 그런데 이런 일들을 모두 전문가나 기술자처럼 할 수 있고 사람들로부터 인정받을 수 있었던 것은 내가 똑똑하고 잘난 사람이라서가 아니다. 그 원인은 바로 생각의 차이에 있다.

내가 '할 수 있다'라고 생각하는 것과 나는 '절대로 할 수 없다'라고 생각하는 것의 차이다.

나는 평생 편한 길을 찾아 살지 않고 세상 사람들이 하기 싫어하는 일만 찾아서 했다. 세상 사람들이 안 된다고 하는 일만 찾아 성공시키며 살아왔다. 모든 분야의 전문가, 기술자들이 어렵다, 안 된다고 하는 일도 성공으로 만들어냈다. 그래서 세상 사람들은 나를 보고 사람을 다시 만들어내는 '사람재생 기술자', 뭐든 성공으로 만들어내는 '사고처리반장'이라고 한다.

이 세상 그 어디를 봐도 부자와 가난한 자, 강자와 약자가 나누어져 있다. 그러나 사실상 세상 사람 모두는 기술과 능력에 별 차이가 없다. 인간은 무궁무진한 힘과 기술을 가지고 있고 창조의 능력과 지혜를 다 가지고 있다. 그런데 차이가 있다면 마음, 정신을 위한 수행을 하지 않는 데 있고 생각으로 포기하는 데 있다. 세상 사람 모두가 동등하고 평등하지만, 성공과 실패를 만들어 내는 것은 생각의 차이다. 모든 일은 생각에서 시작되고 생각에서 소멸한다.

세상 사람 모두는 세상에 태어난 길도 같고 죽어서 가는 길도 같다는 공통점을 가지고 있다. 차이가 있다면 육신 쓰고 한정된 시간 속에서 사는 동안 돈과 재산을 조금 더 갖는다거나 조금 덜 갖는 것의 차이뿐이다.

요즘은 병원에서 태어나고 병원에서 죽는다. 그래서 인간의 고향이 도시, 시골, 산촌, 농촌, 어촌이 아니고 병원 산부인과란다. 이제는 유행가 가사도 '두메산골 그리운 내 고향'이 아니고 '우리 동네 그리운 산부인과'로 바꾸어야 할 정도다. 저승 갈 때 모두가 거쳐 가는 곳도 화장터고 장의사의 손이다.

똑같이 밥, 물, 공기를 먹고 똑같이 대소변을 배설하고 똑같이 잠자고 똑같이 늙어 죽는다. 무엇 하나 다른 것이 있던가? 그런데 왜 높고 낮고, 귀하고 천한 것을 나누고 서로 비방하고 배척하며 살까?

쌓이고 쌓이는 궁금증

태양은 오차 없이 질서대로 순행하고 있다. 늘 변함없이 지구 위에 떠서 지구를 따뜻하게 하고 어둠을 몰아낸다. 그러나 때로는 태양 빛이 구름 뒤에 숨어 대낮에도 어둠을 만들고 춥게 하기도 한다. 지구에 자생하는 생명체들은 태양 빛의 강도에 따라 소생하기도 하고 소멸하기도 한다.

나는 어릴 때 어른들은 거짓말하고 참 변덕스럽다고 생각했다. 그런데 하늘을 보면 태양 빛도 인간과 같이 변덕스러웠다. 어린 나는 태양을 쳐다보면서 다음과 같은 생각을 했다.

'태양 빛, 너는 정말로 변덕쟁이구나. 땅을 따뜻하게 했다가 또 춥게 했다가 매일같이 변덕을 부리니 나는 네가 밉구나. 태양 빛 네가 없으니 땅이 추워서 나는 매우 추워. 내 집은 바위 밑이어서 여름, 겨울 할 것 없이 찬 바람이 나온단 말이야. 태양 빛 네가 있는 날은 바위 밑에서 나와 사람의 가슴과 같이 생긴 곳에 앉아 수행하면 춥지 않고 내 마음도 편하고 좋은데 태양 빛 네가 심술을 부려 구름으로 가리고 바람을 불게 하면 나는 추워서 견디기가 매우 어렵구나.'

태양 빛이 바람과 구름을 동원해 땅을 어둡고 춥게 하여 땅 위에 있는 생명체들을 골탕 먹이는 것인지, 태양 빛은 변함없이 지구를 비추고 있는데 바람과 구름이 심술궂게 변덕을 부려 태양 빛을 가려 땅을 어둡고 춥게 만드는 것인지, 나는 왜 알지 못할까?

어린 나는 궁금했지만, 알 수가 없었다. 혼자 산에서 살고 있으니 물어볼 사람도 없었다. 산에서 내려가면 어른들에게 물어봐야겠다고 생각했다. 나는 몰라도 어른들은 알 수 있을 것으로 생각했다. 그러나 태양 빛이 변덕쟁이인지, 바람과 구름이 변덕쟁이인지 나에게 물어본 사람도 없고, 나에게 답을 해 준 사람도 없다. 나 혼자 궁금하고 나 혼자 알고 싶은 마음일 뿐이다.

태양 빛에 의해 땅 위에 있는 생명체들이 소생하고 소멸하기를 반복한다. 봄에는 소생하고 겨울에는 소멸한다. 태양 빛에 의해 사는 것과 죽는 것이 결정된다. 그렇게 보면 식물의 생명의 주인은 태양 빛이라고 해야 할 것 같다.

꼭 식물뿐 아니라 사실은 인간도 태양 빛에 의해 생사가 결정될 수 있다. 태양 빛이 없고 어두운 밤만 계속된다면 땅 위에서 살 생명체들이 있을까? 지금은 내가 어려 모르지만, 태양 빛과 바람, 구름 어느 쪽이 변덕쟁이인지 알 수 있는 때가 올 것이다.

내가 궁금한 것은 태양 빛과 바람과 구름, 어느 쪽이 변덕스러운 것일까 하는 것만이 아니다. 가장 궁금한 것은 사람은 두 눈이 있는데 왜 앞일을 못 볼까, 왜 앞에 닥칠 사고와 불행을 알지 못하고 당하고 죽을까 하는 것이다. 사람들은 눈에 안 보이면 없다고 생각한다. 그러면 인간이 숨을 쉬는데 공기가 없는 것일까? 사람들은 왜 바보 같은 말을 할까?

왜 사람은 먹는 것에 노예가 되어 매여서 살까? 왜 사람들이 바라고 원하는 대로 살지 못할까? 왜 아이들이 어른들보다 먼저 죽을까? 아이가 죽으면 어른들은 왜 슬퍼하면서 울까? 사람들은 왜 평등하게 살지 못할까? 같은 하늘, 같은 땅 위, 같은 동네에 살면서 왜 부자와 가난한 자가 있을까? 어린 내가 보기에는 부자도 가난한 자도 엄마들 뱃속에서 생기고 나오는데 말이다. 가난한 자와 부자는 무엇이 다른가? 사람의 등급은 누가 만든 것일까?

사람이 살다가 죽으면 '돌아가셨다'라는 말을 하는데 어디로 돌아갔다는 말일까? 사람이 죽으면 땅속에 발로 꼭꼭 밟아 묻는데 그렇다면 사람이 땅속, 흙에서 왔단 말인가? 명길 할아버지와 옥천 아가씨, 그리고 어머니는 어디에 계실까? 얼마나 먼 곳일까? 수행하면 궁금증이 확 풀릴 줄 알았는데 수행을 해도 궁금증은 풀리지 않고 점점 더 많이 쌓이기만 했다.

나는 아주 어린 시절 어머니를 따라 교회에 가본 적이 있다. 내가 그곳에서 본 것은 교회에서도 부자와 가난한 자의 차별이 있다는 것이었다. 나는 왜 그럴까 매우 궁금했다. 나는 집에서 가까운 절에도 어머니를 따라 가본 적이 있다. 어머니는 준비해 가지고 간 것들을 부처님 앞에 놓고 절하고 기도했다.

어머니는 열심히 기도하는데 부처님은 어머니의 기도 소리를 들었는지 못 들었는지 무표정하기만 했다. 어머니는 뭐라고 기도했을까? 부처님은 왜 한마디 말도 없이 무표정으로 앉아 있을까? 나는 궁금하여 어머니에게 물어보았으나 어머니는 스스로 궁금증을 풀고 답을 찾아보라고만 하셨다.

어머니는 왜 교회에도 절에도 돈과 먹을 것을 갖다 놓고 기도하실까? 나는 또 어머니에게 물어보았으나 어머니는 대답이 없으셨다. 나는 궁금했다. 어머니는 부처님도 나처럼 배가 고픈 것을 알고 부처님 드시라고 갖다 드리는 것일까? 부처님은 어머니와 내가 있어서 안 드시고 어머니와 내가 간 뒤에 드시는 것일까? 나는 부처님은 참 좋겠다고 생각했다. 그리고 부러웠다. 어머니 같은 분들이 먹을 것과 돈을 갖다 드리니.

또 부러운 것이 있었다. 어머니가 뭐라고 기도했는지는 몰라도 부처님은 소리도 안 내고 입속으로 하는 기도 소리를 다 들으시는 것인가? 나도 부처님같이 사람들이 입속으로 하는 말을 들을 수 있는 귀가 되면 좋겠다.

어머니는 뭐라고 기도하고 부처님으로부터 무엇을 받아서 돌아갈까? 왜 어린 나를 데리고 와 옆에 앉혀 놓고 기도하셨을까? 나는 참으로 궁금했다. 부처님은 부처님 앞에 와서 기도하는 사람들의 말과 부탁을 다 들어주시는 분일까? 부처님은 사람들이 볼 때는 가만히 앉아 있고 남들이 안 볼 때만 활동을 하는 것일까? 아니면 밤낮으로 앉아만 있는 것일까?

나는 바위 위에 한두 시간 동안 무릎을 꿇고 앉아 있으면 다리가 아픈데 부처님처럼 앉아 있으면 안 아프고 안 힘들까? 먹을 것과 돈을 받는 것은 좋겠지만 계속해서 앉아 계시면 부처님도 힘드실 것 같다는 생각이 들었다.

나는 부처님처럼 움직이지 않고 계속 앉아 있는 것을 배워야겠다고 생각했지만, 아무래도 안 될 것 같다. 왜냐하면, 부처님은 화장실을 안 가도 되지만 나는 화장실에 가야 하니 아무래도 부처님처럼 할 수는 없을 것 같다.

어머니가 보여주신 정성

　어머니를 따라다니며 내가 가장 궁금했던 것은 어머니의 모습이었다. 어머니는 교회에서도 부처님 앞에서도 마룻바닥에 한 번 앉으면 먹지도 않고 화장실에도 안 가고 자지도 않고 앉아서 기도만 하셨다.
　집에서 새벽에 출발해 절에 도착하면 점심때가 되었다. 집에서 목욕하고 나왔는데도 어머니는 절에 도착하면 또 세수하셨다. 그리고 부처님 앞에 앉으면 하룻밤을 새워 기도하고 다음 날 점심때까지 하셨다. 어머니의 기도가 끝나고 집에 오면 캄캄한 밤이 되었다. 무엇보다 어머니는 집에서 출발할 때부터 다음 날 돌아올 때까지 말을 하지 않으셨다. 나에게 말할 것이 있으면 손짓으로 표현하셨다.

나는 그때 어머니가 하는 것을 보고 어른들은 다들 그렇게 하는 줄 알았다. 그러나 다른 사람들이 하는 것을 보니 기도는 조금 하고 밖에 나와서 먹고 대화하고 화장실에도 갔다.

그 당시에는 아무 생각이 없었는데, 세월이 흘러 지금 와서 생각해보니 어머니는 깊은 기도 정성을 하셨던 것이었다. 나는 지금에서야 어머니의 깊은 기도 정성을 조금이나마 이해할 수 있을 것 같았다.

나는 산에서 아침, 점심, 저녁으로 목욕하고 바위 위에 앉아 수행하면서 예전에 어머니가 하셨던 것이 생각났다. 그리고 누구나 어머니처럼 할 수 없다는 것을 깨닫게 되었다. 어린 시절 어머니가 하시는 기도 정성을 보았음에도 왜 그때는 어머니의 마음과 정성을 이해하지 못했을까 하는 후회가 되었다.

나는 그동안 산 수행 생활을 해오며 어렵고 힘들고 배고프다고만 생각했다. 그리고 바위 위가 딱딱하고 아프다고만 생각했다. 그러나 생각해 보면 마룻바닥도 바위 위보다 더 나은 것이 없다. 어머니는 마룻바닥에 앉아서 밤을 새우며 꼬박 만 하루를 기도하시며 그 모습을 자식인 나에게 보여주고자 하셨던 것이었다. 그래서 먼 곳으로 이사를 와서도 나를 데리고 절에 가 부처님 앞에 앉아서 밤새워 기도하는 묵언 수행을 하셨던 것이었다. 그 모습을 보고 어린 내가 깨닫기를 바라셨다는 것을 나중에서야 알게 되었다.

　지난날 어머니가 하신 것을 생각해 보니 내가 지금 하는 수행이 너무나 부족했다. 나는 다시 새로이 결심했다. '수행을 좀 더 힘들고 어렵게 해야겠다. 수행시간을 최대한 늘려야겠다.' 그래서 바위 위에 한나절을 앉아 수행하기로 하고 실행에 옮겼다.

　바위 위가 고운 곳을 찾아도 바위 위가 방바닥같이 편하고 곱지는 않다. 무릎 꿇고 두 손을 합장하고 두 엄지손가락을 가슴 명치 속에 밀어 넣는다. 손끝을 직각이 되게 하여 허리를 반듯하게 세우고 앉아 눈을 수평으로 해 지그시 감는다. 세상에 모든 것, 우주에 대한 궁금증을 가지고 생각하며 바위 위에서 4~5시간씩 수행하니 온몸이 아프고 다리가 저려 내 다리가 아니었다.

　여름에는 개미, 벌, 모기, 뱀 등이 있어서 수행하는 데 어려움이 있다. 모기가 달려들어 물면 가려워서 신경 쓰이고 벌에 쏘이면 따갑고 아프다. 왕벌에게 머리를 쏘였을 때는 그 자리에서 쓰러진 적도 있었다. 수행 중에 가렵고 아프다고 몸을 움직이면 수행이 안 된다. 집중하던 생각의 파장이 깨져 생각들이 모두 흩어져 버리기 때문이다.

수행이 깊은 수행자는 짐승들이 와 손가락을 잘라 먹어도 아프다고 말하지 않고 죽을까 봐 두려워 짐승을 쫓거나 소리 지르지 않아야 한다는 말을 들었다. 대소변을 앉은 자세에서 싸가면서 수행한다는 말을 들었다.

나는 개미, 벌, 모기, 그 밖의 곤충들이 와서 물면 따갑고 아파 몸이 저절로 움직여지는데 손가락을 짐승이 와서 깨물어도 어떻게 아프다고 하지 않고 수행할 수 있을까? 어떻게 앉아서 대소변을 쌀 수 있을까? 그들은 수행을 통해 무엇을 찾아내고 발견했을까?

나도 언젠가는 그 사람들과 같이 밤새워 수행하고, 짐승들이 와 물고 괴롭혀도 아프다고 말하지 않고, 죽을까 봐 두려워 쫓지 않고, 대소변을 앉은자리에서 싸 가면서 수행에만 집중할 수 있는 때가 오겠지. 수행은 참으로 어렵고 힘들다.

비바람이 싫은 이유

긴 역사에 비해 한 인간이 사는 기간은 너무 짧다. 수행하면서 1,000년이 넘는 은행나무도 보았다. 소나무 수명이 짧다고 해도 산에 가면 200~500년 된 나무를 쉽게 볼 수 있다. 사람의 수명은 왜 이렇게 짧은 것일까?

수행하면 할수록 궁금한 것, 알고 싶은 것들이 점점 더 많아진다. 이런저런 생각을 하다가 밤을 새운 적이 많다. 산 수행 중에는 물어볼 곳도 화내어 싸울 일도 없다. 기분 좋은 일도 기분 나쁜 일도 없다. 늘 변함없이 들려오는 소리는 새소리, 바람 소리뿐이다. 그런데 새소리, 바람 소리는 일정하지 않다. 매일매일 다르다.

바람이 불 때 산에서 나는 소리가 있다. 듣기가 편한 소리도 있고 두렵고 무서운 소리도 있다. 캄캄한 밤 바위 위에 앉아 있으면 거센 비바람에 바위가 무너지는 것 같기도 하고 산 전체가 날아갈 것 같기도 하다.

나는 비바람이 싫다. 산에서 비가 와서 좋은 것은 가까운 곳에서 물을 구할 수 있다는 것 외에는 좋은 것이 없다. 내가 비바람을 특별히 싫어하는 이유는 내가 유일하게 먹을 수 있는 미숫가루와 소금을 비바람 때문에 못 먹게 된 일이 있기 때문이다.

산에서 보관 방법이란 보자기에 싸서 바위 밑에 두거나 눈비 안 맞도록 나뭇가지에 매달아 두는 것이다. 바위 밑에 두던 나뭇가지에 매달아 두던 미숫가루를 가만히 두지 않고 공격하는 것들이 있다. 다람쥐, 청설모, 개미, 뱀들이다.

그래도 이것들이 공격하는 것은 조금 빼앗기는 정도지 통째로 빼앗기지는 않는다. 통째로 빼앗길 수 있는 것은 습기와 곰팡이, 그리고 비바람이다. 태풍에는 바위 밑 집도 견디지 못할 때가 있다. 비바람에 미숫가루가 젖어 땅에 쏟아지면 모두 못 먹게 된다.

먹지 않고 1년 정도를 살 수 있다면 좋은데 나는 아직 안 먹고 수행할 수 있는 단계가 못 되었다. 수행 6개월쯤 되었을 때 태풍 비바람으로 바위 밑 내 집이 다 못 쓰게 된 적이 있다. 추울 때 사용하는 담요 2장과 옷 몇 벌, 미숫가루와 소금이 다 못 쓰게 되었다.

비바람이 멈추고 태양 빛이라도 나면 젖은 미숫가루를 바위 위에 널어 말리면 조금이라도 먹을 수 있을지 모르지만, 태양 빛도 없는 날이 연일 계속되면 미숫가루는 영영 못 먹게 된다. 8개월을 계산하면 두 달은 더 산에 있어야 했다.

미숫가루가 없으면 먹을 것이 없어서 수행할 수가 없다. 쏟아진 것을 알뜰하게 주워 먹는다 해도 10일 정도 먹을 것밖에 안 되었다. 50일간을 더 해야 수행을 마치고 산에서 내려갈 수 있는데 지금 내려가면 그동안 수행한 것이 허사가 되니 너무 아깝다는 생각이 들었다. 그동안 한 수행에 대한 미련을 버릴 수가 없어서 나머지 50일간은 물만 먹고 수행을 해야겠다고 계획했다.

곡물을 하루 한 번도 안 먹으니 기운이 없기는 해도 10일간은 그런대로 견딜만했다. 그런데 곡물을 안 먹으니 물도 먹히지 않았다. 곡물을 먹을 때에는 물에서 아무 냄새도 못 맡았는데 곡물을 안 먹으니 물에서 낙엽 썩은 냄새가 나기도 했다. 그 냄새로 인해 속이 메스껍고 울렁거려 물도 먹히지 않았다.

배가 고플 때 물을 먹으면 물배가 부른다고 했던가? 그러나 너무 배가 고프면 물을 먹으려 해도 속에서 받아들이지 않는다. 산에서 곡물 대신 먹을 수 있는 것을 찾아보았으나 산이 높고 경사가 져서 참나무, 소나무, 이름도 모르는 잡목들뿐이었다. 산도 야산에는 사람이 먹을 수 있는 것들이 있다지만 내가 있는 산은 높고 험해서 사람이 먹을 수 있는 것이 없었다.

내가 알고 있는 야산에서 나는 것들은 취나물, 두릅, 칡뿌리, 칡 순, 뽕잎, 자작나무 잎, 산길에서 나는 질경이, 엉겅퀴, 씀바귀가 있다. 그러나 이런 것들은 내가 있는 곳에서 멀리 가야만 있을 것 같았다. 멀리 가다가 사람을 만나면 수행 자체가 허사가 되기 때문에 이 산에서 타 산으로 넘어갈 수도 없었다.

내가 있는 곳에 조선 소나무가 있어 솔잎을 따서 먹어 보았으나 떫고 영양가도 없고 목구멍으로 넘어가지도 않았다. 산에서 내려가면 칡이 있을 것 같아 내려가 보았으나 땅속 깊숙이 박힌 칡뿌리를 맨손으로 캘 수도 없었다. 동네에 내려가 먹을 것을 가져오려면 사람들에게 사정 이야기를 해야 하는데 그러면 그동안 한 수행이 허사가 되고 만다. 하루하루 이런저런 생각을 하며 지내다 보니 미숫가루를 못 먹고 지낸 날이 약 20일 가량이 되었다.

아직도 수행을 마치고 내려가려면 1달은 더 있어야 했다. 결정을 못 하고 고민은 깊어졌다. 그런데 갑자기 어지럽고 허기증이 나서 가만히 서 있어도 산과 하늘이 빙빙 돌아가는 것 같았다. 나무를 붙잡지 않고는 서 있을 수 없게 되었다.

정신을 차리고 수행하려 바위 위에 앉아도 힘이 생기지 않고 용기가 나지 않았다. 배고픈 것은 모르겠는데 기운이 없어서 앉아 있을 수조차 없었다. 하는 수 없이 수행을 못 하고 바위 밑 집으로 왔다. 가랑잎 위에 누워 있으니 이제는 누워 있어도 바위 밑 집이 빙빙 돌았다. 이런 상태로 수행하기란 무리였다. '이제 모든 미련과 고집을 버리고 날이 밝으면 수행을 중단하고 산에서 내려가자.' 나는 그렇게 결정을 하고 잠이 들었다.

나약하고 어리석은 생각의 깨우침

날이 밝았다. 내려가려고 일어섰는데 그만 그 자리에서 쓰러지고 말았다. 다시 일어나려 했으나 다리에 힘이 없어 설 수가 없었다. 앉아서 기다시피 조금 움직여보았으나 머리는 어지럽고 구토증이 나서 이 상태로는 산에서 내려갈 수 없을 것 같았다. 바위 밑 집에서 한 발자국도 움직이지 못하고 누워 있게 되었다.

해가 지고 밤이 오고 또 새벽이 밝았다. 의식은 있는데 몸을 움직일 수가 없었다. 이러다가 동네로 못 내려가고 여기서 죽게 되는 것은 아닐까? 마음이 극도로 불안해졌다. 소리 내어 울고 싶어도 기운이 없으니 소리도 안 나오고 슬프고 처량한 생각만 들었다.

마음은 우는데 눈에서는 눈물이 나지 않았다. 기운이 있을 때 산에서 내려갔어야 했다. 8개월을 다 채우려는 고집과 욕심 때문에 나 스스로 위기를 만들었다. 내 앞에 닥칠 일도 모르는 나 자신이 너무도 원망스럽고 미웠다.

후회가 되었다. 왜 이렇게 될 것을 예측하지 못했을까? 내 앞에 이런 위기가 기다리고 있을 것을 왜 미리 알지 못했을까? 이런 일이 생길 줄 알았더라면 동네에서 가까운 수행 자리를 잡아 급할 때 도움을 요청하고 받을 수 있었을 것이다. 잘못된 판단으로 죽을 위기를 스스로 만든 나 자신을 향해 바보라고 원망해 보았지만 아무런 소용이 없었다.

이런 높은 산에 사람이 올라올 리는 없었다. 아무리 생각해도 대안이 없었다. 이제 모든 것을 포기하고 그저 누워 있는 것밖에는 내가 할 수 있는 것이 없었다. 그런데 포기하려 해도 자꾸만 미련이 생겼다. 내가 여기서 이렇게 인생을 끝내려고 전국을 돌아다니며 어려운 수행을 했나 하는 생각이 들었다.

내가 어려울 때 제일 먼저 찾아올 사람이 누구일까 생각하니 어머니였다. 그러나 어머니는 먼저 저세상으로 가셨는데 어떻게 올 수 있을까? 아들의 위기를 알고 오고 싶어도 오실 수 없다. 어머니가 올 수 없다고 생각하니 더 그립고 간절해졌다.

나는 한동안 의식을 잃었는지 잠이 들었는지 모르겠다. 그런데 어머니가 오셨다. 어머니가 오셔서 나를 보고 환히 웃으셨다. 나는 너무 반가워 어머니를 불렀으나 어머니는 내 눈앞에서 사라지셨다. 나는 또 잠이 들었다. 이번에는 옥천 아가씨가 웃으며 나를 찾아왔다.

"왜 이렇게 약해졌어요?"

옥천 아가씨가 내게 말했다. 그리고는 내 방을 나갔다. 나는 급하게 옥천 아가씨를 불렀지만 이미 내 방을 나간 뒤였다.

날이 또 밝았다. 나는 희미한 의식 속에서 지난밤 어머니가 환하게 웃는 얼굴로 나를 보고 가신 것을 생각해 보았다. 어머니는 어떻게 오셨을까? 왜 아무런 말씀도 안 하고 얼굴만 보이고 가셨을까? 왜 말씀이 없으셨을까? 그때 머릿속에서 번쩍하고 떠오르는 것이 있었다. 어머니는 나에게 늘 말씀하셨었다.

"아들아, 항상 태양 빛과 달빛의 입장을 생각하며 살아라. 태양 빛이 없으면 땅 위에 살 생명은 없어. 그렇다고 땅 위에 있는 생명이 태양에게 고맙다고 말하는 이가 있을까? 어두운 밤길을 밝게 비춰준다고 달에게 고맙다고 하는 이가 있을까? 아무도 고맙다고 하는 이 없어도 태양 빛과 달빛은 제 역할을 해야 하는 것이 태양 빛의 책임이고 달빛의 책임이란다."

나는 어머니가 해주신 말씀을 그동안 잊고 있었다. 그리고 나 자신이 힘든 것만 생각했다. 내 배고픔과 죽을 것 같은 두려움에 고민하고 걱정했다. 수행을 접고 산에서 내려가지 못한 것을 후회했다. 태풍으로 먹을 것을 잃고 난 후 든 생각이란 모두 나만을 위한 이기적인 생각뿐이었다. 수행을 못 하는 아픔과 괴로움, 수행목적을 못 이루는 아쉬움은 없었다. 내가 왜 이렇게 이기적이고 부끄러운 모습이 되었을까?

나는 망치로 머리를 한 대 얻어맞은 것 같았다. 두려움이 차 숨이 막힐 것 같던 가슴이 뻥 뚫리는 것 같았다. 머리와 가슴이 시원해지기 시작했다. 배가 고프고 하늘과 땅이 빙빙 도는 어지러운 증세도 없어졌다. 손에 주먹이 쥐어지고 다리에 힘이 생겼다.

그리하여 며칠간 못 갔던 산 아래 개울에 가서 목욕하고 물도 퍼왔다. 바위에 앉아 수행하면서 그동안 나약하고 무책임한 생각을 하며 힘들게 보낸 것을 후회하고 용서를 구했다. 다시는 이런 나약하고 이기적인 생각이 안 들도록 하겠다고 나 자신과 굳게 약속했다.

사람은 곡물만 먹고 사는 것이 아니다. 제일 중요하고 무서운 힘은 생각이다. 먹을 것을 잃고 어리석음에서 깨어나게 되었다. 수행하는 것이 새로운 보답이 되고 힘이 솟아났다.

내 눈에는 안 보이고 내 옆에는 없지만 나는 혼자 수행하는 것이 아니었다. 언제나 어머니와 함께였다. 그리고 나에게 위로와 도움을 주는 옥천 아가씨도 있었다. 나는 흰 구름을 타고 하늘을 둥실둥실 떠서 날아가는 기분이 들었다.

2019년을 사는 사람들은 이 당시 내 상황을 이해하지 못할 수도 있다. 산에서 21일가량 굶은 것을 가지고 움직이지 못할 정도로 기운이 없다는 것은 엄살이고 과장이라고 할 것이다.

지금 사람들은 모두가 고영양, 고열량을 먹기 때문에 뼈와 근육에 영양분이 많이 축적되어 있어서 1개월 정도 곡물과 기타 먹거리를 금하고 물만 먹는다 해도 누구나 1개월은 능히 지낼 수 있을 것으로 생각한다. 그러나 내가 어린 시절, 농촌에서 가난하게 사는 사람들은 뼈에 가죽을 씌워 놓은 것 같은 모습으로 말랐거나 아니면 몸이 부어 있었다. 그 시대 사람들은 추워서 얼어 죽고 작은 배고픔도 못 참아 굶어 죽는 경우가 많았다.

그 시대 사정 이야기를 2019년에 사는 사람들은 말도 안 되는 것으로 생각하게 된다. 요즘은 노숙자가 되고 가난해도 그 옛날 부자들보다 더 살찐 몸을 가지고 있다.

6.25 시절 부잣집과 미군 병사들이 사는 곳에서 나온 음식물 쓰레기를 모아 끓여 만든 '꿀꿀이 죽'의 역사는 우리 시대의 비

극이고 굴욕이다. 침략의 비극, 가난의 비극, 약자의 비극은 말로만 들어서는 모른다. 당하고 겪어 봐야만 안다. 앞으로 우리에게 이런 치욕과 비극은 더는 존재하지 않기를 바란다. 우리 자식들, 후손들에게는 없기를 간곡히 바란다.

누가 가져다 놓았을까?

나는 마음속으로 "엄마 고마워요. 감사해요. 옥천 아가씨도 고마워요. 내가 어려운 위기에 처할 때마다 나를 도와주고 위기에서 구해주는 옥천 아가씨와 어머니를 생각해서라도 어머니와 약속한 사람으로 살게요." 하는 생각을 굳게 했다.

어머니와 옥천 아가씨가 다녀가고 난 후 3일째 되던 날 아침, 내가 그리도 좋아하고 애착하던 미숫가루가 내 머리맡에 있었다. 보자기를 끌러보니 미숫가루와 소금이 들어있었다. 배불리 먹어도 한 달 이상은 먹을 수 있는 양이었다.

미숫가루와 소금을 보고 반가워 좋아하다가 가만히 생각을 해보니 참 이상했다. 누가 갖다 놓았을까? 내가 여기 있는 것을 어떻게 알고 가져다 놓았을까? 내가 이곳에 있는 것을 아는 사람은 나 외에 다른 사람은 없다.

내가 수행할 때마다 먹던 미숫가루와 소금. 이 미숫가루를 만들려면 보리, 좁쌀, 콩, 수수를 볶아서 물레방아나 디딜방아, 아니면 절구 방아로 찧어서 채로 쳐야 먹을 수 있다. 볶지 않고 생으로는 만들 수가 없다. 만드는 과정을 생각하면 더욱 궁금하다.

누가 갖다 놓았을까? 하늘에서 내려왔나? 땅에서 솟아났나? 혹, 내가 있는 이 산 어딘가에 사람이 있다는 말인가? 그렇다 하더라도 내가 이 바위 밑에 있는 것을 어떻게 알 수 있나? 내 집 앞에는 가랑잎이 많이 쌓여있어서 다람쥐가 와도 가랑잎 소리가 난다. 내가 모르게 왔다 갈 수는 없다.

나는 잠을 거의 자지 않고 잠자는 시간에도 작은 소리를 듣는 습관이 있다. 산에는 산돼지도 있고 늑대와 여우도 있다. 이런 짐승들은 사람을 보면 도망가는 것이 아니고 공격해 온다. 생명을 가진 인간은 자신의 생명을 지키고 싶은 본능이 있으므로 방어용 힘과 기술을 사용하게 된다. 나는 약한 힘으로 나보다 몇 배나 센 힘을 가진 강자를 적으로 만나거나 산짐승을 만나 위기에 직면했을 때를 대비하여 수행하면서 늘 하는 것이 기검도와 찌르는 연습이다.

약자가 강자와 싸워 이기는 길은 단 한 번에 상대를 제압하는 방법밖에는 없다. 한 번에 상대를 제압하지 못하면 약자는 당하게 된다. 나는 싸리나무를 석 자쯤 되게 만들어 늘 가지고 다니며 운동을 한다. 싸리나무, 산초나무는 아주 단단하다. 나무라기보다 쇠라고 할 만큼 단단하다. 요즘 야구선수들이 사용하는 야구 방망이보다 더 강하고 단단하다.

싸리나무 하나만 들면 나는 산속 어딜 가도 겁나지 않는다. 그 이유는 강한 동물이든 강한 사람이든 나에게 공격해 올 때 상대의 눈을 찌르면 되기 때문이다. 사람이고 동물이고 눈으로 보아야 공격하고 힘을 쓸 수 있다. 천하의 싸움꾼이라도 눈을 못 보게 하면 승부는 끝난 것이다.

내가 그렇게 할 수 있는 이유는 빠르기 때문이다. 운동은 두뇌와 빠른 것이 제일이다. 둔재가 몸마저 느리면 배워도 상대를 제압할 수 없다. 멀리 있는 적은 칼이나 돌을 던져 막아내고 가까이 오면 눈이나 목을 찌르면 된다. 운동을 평생 배워도 눈과 목에는 단단한 근육을 만들 수 없다. 찌르는 기술은 정확하고 빨라야 사용할 수 있다. 고도의 기술은 연습에서 나온다. 수행과 찌르기 운동은 궁합이 잘 맞는다. 지혜는 뱀같이 하고, 자신을 스스로 돕는 자를 하늘도 돕는다는 말을 나는 중요하게 생각한다.

나는 산에서 혼자 살기 때문에 내 몸, 내 생명을 지켜줄 사람은 나 자신뿐이다. 그래서 깊은 밤에도 안자는 것이 습관이 되었다. 잠을 자고 있을 때도 다람쥐가 가랑잎 위를 지나가는 소리를 들을 수 있다. 그런데 미숫가루를 누가 소리도 없이 갖다 놓고 갔을까? 내 눈으로 확인은 못 했지만, 짐작 가는 곳이 있다. 바로 꿈속에 왔다 간 나의 어머니 아니면 옥천 아가씨밖에는 없다. 내가 바위 밑에 있는 것을 아는 사람도 두 사람밖에는 없다.

만약 어머니가 갖다 놓았다면 나에게 굵은 소금을 갖다 놓지 않으셨을 것이다. 어머니는 언제나 나에게 소금을 아주 곱게 빻아서 주셨다. 그런데 굵은 소금을 갖다 놓은 것을 보면 어머니는 아니라는 확신이 갔다. 그렇다면 내가 이 산 바위 밑에 있는 것을 아는 사람은 옥천 아가씨뿐이다.

옥천 아가씨가 미숫가루와 소금을 갖다 놓았다고 하더라도 또 궁금하다. 옥천 아가씨는 육신이 없는 영혼으로 있는 사람인데 어떻게 보리와 콩을 볶고 빻아서 가지고 왔을까? 그리고 여기 왔다면 나에게 말을 하고 갈 것이지 그냥 갈 리가 없다. 궁금한 것이 한둘이 아니다. 그러나 어쨌든 먹을 것이 생겨 수행을 심도 있게 할 수 있게 되었다. 틀림없이 죽을 것으로 생각했었는데 새 힘을 받게 되었다.

나에게 있었던 이와 같은 일을 세상 사람들에게 말하면 믿어줄 사람은 없다. 너무나 기쁘고 좋은 일인데 자랑하고 싶어도 이야기를 하고 대화가 될 사람은 세상에 없다. 세상 사람들은 숨을 쉬면서도 공기가 눈에 안 보이니 '없다'하고 TV, 휴대폰을 사용하면서도 전파가 자신의 눈에 안 보인다고 '없다'하는 불신을 갖고 있다. 또 과학자인데도 공기의 색깔을 못 보는 사람도 많다. 그런데 내가 산에서 있었던 일을 말하면 이해하지 못하고 거짓말이라고 할 것이다.

긴 역사가 내려오는 동안 공기의 색깔도 못 보고 숨을 쉬면서도 눈에 안 보이는 것에 대한 불신을 가진 사람들은 신기술, 신제품이 만들어져 세상에 나올 때마다 비난과 비판만 했다. 휴대폰이 처음 세상에 나올 때 의심, 불신한 사람들도 지금 손에 휴대폰을 들고 사용하고 있다.

그런 세상 사람들이 나를 인정하든 안 하든 나와 무슨 관계가 있을까? 자신의 앞일도 모르는 사람이 남의 일, 세상일을 알 리가 없다. 그렇지만 자신 앞에 닥칠 앞일과 죽음은 몰라도 남의 일, 세상일은 다 안다고 말하는 것이 바로 무지한 사람들의 성향이라는 것을 나는 알고 있다.

나는 한 달 뒤 무사히 수행을 마치고 동네로 내려왔다. 육신은 물질이기 때문에 먹어야 힘이 생기고 건강이 유지된다. 따라서 육신을 생각해서 챙겨 먹으며 다음 수행을 준비했다. 돈을 벌어야 다음 수행에 필요한 것을 준비할 수 있다.

절 생활의 시작

　수행을 마치고 산에서 내려오면 사람들은 나를 만나는 것을 꺼린다. 너무나 몸이 말랐기 때문에 나를 보면 폐병 환자로 생각하고 접근을 안 한다. 요즘은 폐병 환자가 많지 않지만 내가 수행할 당시에는 영양부족으로 폐병 환자가 많았다.
　나는 보통 체격이다. 오히려 좀 마른 편이라 다른 아이들에 비해 약해 보였는지 농사일을 잘 시켜주지 않았다. 그래서 처음에는 돈을 벌기 위해 일할 곳을 찾기가 힘들었다. 하지만 몸이 날쌔고 빨라서 한번 내가 일하는 것을 본 사람은 나를 인정해 준다. 나는 몸도 빠르고 일하는 것도 빠르다.
　내가 아무리 빨라도 농사일은 힘들고 수행할 때 필요한 것을 준비할 충분한 돈을 마련하기가 어렵다. 사람이 육신을 가지고 살기 때문에 필요한 것이 많다. 또 각자가 필요한 것을 스스로 만들 수 없으므로 남들이 만들어놓은 것을 사용하려면 그 대가를 지불해야 한다. 나는 농사를 안 짓지만, 곡물을 먹어야 하므로 곡물을 생산하는 농민들에게 돈을 주고 곡물을 가져와야 한다.

이렇듯 나도 돈을 가지려면 남들에게 도움을 주고 대가를 받을 수 있는 기술을 가져야 한다. 지금까지 나는 수행을 했지만, 남에게 도움을 줄 수 있는 기술은 없었다. 그동안 내가 먹을 것을 구하기 위해 한 것은 농사일을 돕는 것과 광산일, 막노동이었다. 막노동은 특별한 기술이 없어도 무거운 것을 운반하거나 땅을 파는 힘이 있으면 된다.

막노동은 일정하지 않다. 일이 있을 때도 있고 없을 때도 있다. 막노동하는 사람들은 힘들게 일을 하면서도 대부분 가난하게 산다. 농사일은 봄에는 땅 파고 심고, 가을에는 거두어들이느라 바쁘지만, 여름 성장 시기에는 여유가 있고 겨울에는 일이 없다.

농사일이 많을 때는 돈을 벌 수 있지만, 한여름과 한겨울에는 농사일도 막노동일도 없으므로 돈을 벌 수 없다. 수행을 일정 기간 마치고 세상에 나오면 다음 수행을 위해 어떻게 돈을 만들 것인가 하는 것이 가장 큰 근심거리였다.

그래서 나는 철학을 배우기로 했다. 산에 들어갈 때도 철학책을 가지고 갔다. 사람들은 두 눈이 있어도 한 치 앞일을 모르는 두 눈 없는 인간으로 사는 격이므로 철학을 배워 사람들에게 도움을 주면서 나도 도움 준 대가를 받아 수행하는데 필요한 것을 준비하면 좋겠다고 생각했다. 그리고 사람들이 많은 곳에 가면 돈을 벌 수 있을 것 같았다.

나는 한문 공부를 하면서 밥도 먹을 수 있는 곳을 찾아다녔다. 예전에 어머니와 절에 갔을 때 한문 공부를 하러 절에 와 있는 사람들을 보았던 기억이 났다. 나는 공부도 하면서 밥도 먹을 수 있는 절을 찾아다녔다. 그리고 한 곳을 발견했다.

산은 높고 크지만, 농촌 사람들이 다니기에 그다지 어렵지 않은 곳에 있는 절이었다. 평지에 큰 절이 하나 있고, 그 절에서 약 40분 정도 산으로 올라가면 또 다른 절이 있었다. 그 절에서 내려다보면 농촌 마을과 들판이 시원하게 보였다. 정확히 알 수는 없으나 아주 오래된 절 같았다.

주지 스님에게 한문을 배우고 싶다고 하니 허락해 주셨다. 나는 돈을 낼 수 없는 대신 절의 일을 돕기로 했다. 내가 절을 방문했을 때 9명의 청년들이 절에서 먹고 자며 한문 공부를 하고 있었다. 그러나 그들은 나와는 다르게 절의 일을 돕지 않았다. 돈을 내고 배우는 것 같았다.

나는 글을 배우는 것 외에 절에서 짓는 농사일을 돕고 절에 오는 손님들의 짐을 절 아래 평지에서부터 절까지 옮겨다 주는 일을 했다. 손님이 오면 절 아래에 내려가서 짐을 지게에 지고 절까지 올라왔다. 절에 오는 손님들은 내 어머니가 그랬던 것처럼 쌀과 과일, 참기름 등 부처님께 드릴 먹을 것을 많이 가지고 왔다. 손님들의 짐을 옮기는 일은 온전히 내 몫이었다.

한문 공부는 주지 스님이 하루에 4자씩 가르쳐 주셨다. 더 배우고 싶어도 못하게 하셨다. 그래서 나는 주지 스님이 가르쳐 주시는 것 외에 책을 구하여 천자문, 동문선, 명심보감을 혼자 공부했다. 나는 수행하러 가야 하므로 느리게 길게 배울 수가 없었다.

낮에는 힘들게 일을 해도 밤은 내 시간이기 때문에 밤에 공부했다. 절에는 호롱불을 켜기 때문에 공부하기에 좋았다. 그런데 사람들이 많이 와서 밤낮으로 시끄러웠다. 혼자 조용히 보낼 수 있는 곳이 없었다.

시끄럽고 복잡한 절 생활은 나에게는 맞지 않았다. 그래서 고민 중에 절 근처 산에 내가 잠자고 지낼 수 있는 땅굴집을 만들기로 했다. 주지 스님에게 허락을 받고 절에서 주지 스님이 부르는 소리가 들리는 곳에 나만이 지낼 수 있는 거처를 만들었다. 절에는 불을 켤 수 있는 석유가 있어서 내 땅굴집에도 불을 켜고 밤에 공부할 수 있었다.

절에서 봄, 여름, 가을, 겨울

내가 절에 들어갔을 때가 봄이었다. 봄에는 절에서도 농사일로 바쁘다. 비가 와도 할 일이 있었다. 절에는 보살님이라고 부르는 50대 후반의 여스님이 두 분 계셨다. 이분들이 아침, 점심, 저녁 식사를 준비하셨다. 절에서는 아침을 아주 일찍 먹는다. 시간도 일정하다. 주지 스님과 보살님 두 분, 그리고 한문을 배우는 9명의 청년들, 이외에 또 한 사람이 있었는데 이 분은 공부를 하는 것도 아니고 스님도 아니었지만, 절에서 살고 있었다.

40대로 보이는 이 분은 나에게 부드럽게 대해 주었는데 은근히 일을 많이 시켰다. 나중에 알게 된 사실이지만, 내가 절에 오기 전에는 이 분이 절에 오는 손님들의 짐을 옮기고 농사일과 땔감 운반하는 일 등 절의 일을 했다고 한다. 그런데 내가 오니 자기 일을 모두 나에게 하게 하고 자신은 스님 역할을 하면서 지냈던 것이었다.

내가 모두 해야 할 일이 아니고 같이 해야 하는 일이었지만 나에게만 일을 시켰던 것이었다. 내 나이가 어렸지만, 평등과 불평등, 양심과 비양심, 인격자와 비 인격자 정도는 이미 알고 있는 나이였다. 사람들은 이 분을 처사님이라고 불렀다. '처사'란 말뜻을 처음에는 몰랐다. 그 처사라는 사람은 나에게 스님도 아니고 글을 가르쳐 주는 선생도 아닌데 나에게 선생 노릇, 스님 노릇을 했던 것이었다.

절에서 농사짓는 텃밭과 화전 밭을 합하면 약 5,000평 정도는 되었다. 그 땅에 콩, 녹두, 감자, 옥수수, 고추, 오이, 파, 상추, 수수, 밀을 심고 무, 배추, 쪽파는 많이 심었다. 여름에는 주로 밭에 풀을 뽑는데 뽑아도 또 나고 뽑아도 또 나기 때문에 일이 늘 밀려 있었다. 여름에 풀을 뽑으려고 앉아 있으면 땅에서 더운 열기가 올라와 숨이 막힐 것 같고 모기에게 온몸을 뜯겼다.

아침에 일어나면 처사가 나에게 하루의 일을 배당했다. 저녁 때까지 그 일을 다 못하면 왜 일을 안 했느냐고 책망했다. 나는 처사의 명령에 따라 일을 해야만 절에 있을 수 있었다. 갈 곳도 없는데 혹시나 가라고 하면 어쩌나 하는 마음에 일을 열심히 했다.

온종일 뜨거운 햇볕 아래에서 일하고 나면 저녁에 한문 공부할 힘이 없었다. 몸이 힘들면 정신이 집중이 안 된다. 몸이 피로하고 아파서 저녁 공부가 어려웠다. 낮은 길고 밤은 짧아도 저녁 먹고 난 후에도 할 일이 많았다.

스님은 스님대로 나에게 일을 시키셨다. 스님은 내가 온종일 밭에서 일하는 것을 모르시는지 절에 있으면 마당도 쓸고 처사님의 일도 도우라고 말씀하셨다. 스님은 밖에 나와 다니지 않으시고 주로 손님들과 같이 지내기 때문에 하루에 한 번 보기도 어려울 때가 많았다.

내가 절에 올 때는 한문 공부를 열심히 해서 사람들에게 철학 상담을 해주고 돈을 벌려고 한 것인데 글공부도 못 하고 농사꾼, 일꾼이 된 내 모습이 참으로 못난이로 여겨졌다. 스님도 아닌 처사님의 명령을 받고 하수인이 되어 하루하루 지쳐가는 것이 마음이 편하지 않았다.

숨이 막힐 것 같은 농사일은 끝이 없고 손님들은 여전히 밤낮을 가리지 않고 무거운 보따리를 가지고 왔다. 내가 힘드니까 불만이 생겼다. '절에 오는 손님은 낮에 오면 안 되나? 꼭 밤에 와야 하나? 절에 올 때 가볍게 가지고 오면 안 되나? 왜 무거운 보리, 쌀, 과일, 이상한 것들을 잔뜩 가지고 와야 하나? 사람들만 받아먹는 것을 좋아하는 것이 아니고 온종일 앉아 있는 저 부처님도 갖다 주는 것을 마다하지 않고 받는 것을 좋아하나? 매일같이 손님이 오는 것은 아니지만 그래도 손님들이 가지고 오는 것을 다 어떻게 소모하나?' 갑자기 궁금해졌다.

두 명의 보살님을 찾는 자식들이 하루가 멀다고 왔다. 이들은 절에 올 때 아무것도 가지고 오지 않았다. 그래서 나는 좋았다. 그런데 아무것도 가지고 오지 않은 보살님의 아들과 딸은 절을 내려갈 때는 무거운 짐을 들고 지고 내려갔다. 그 짐들을 또 내가 지고 동네에까지 갖다 주어야 했다.

나는 보살님이 시키면 또 시키는 대로 해야 했다. 보살님이 나에게 먹을 밥을 주시기 때문이다. 보살님에게 잘못 보이면 밥을 배불리 먹기 어렵다. 아직은 보살님이 나를 예뻐해 주셔서 배불리 먹고 있어서 좋았다. 좋기는 하지만 내가 돼지처럼 배나 채우려고 이곳에 와 있는 것이 아니지 않은가?

이 한 몸 사는 것이 왜 이리도 복잡한가? 빨리 한문과 철학 공부를 해서 돈을 벌어야 미숫가루를 만들고 소금을 사서 수행하러 갈 텐데, 글도 못 배우고 돈을 받는 것도 아니고 배만 채우려 매여 살고 있다는 생각이 들었다. 나는 절에 있는 것이 싫어졌다.

수행 정성의 진정한 의미

그러나 어느덧 가을, 조금 있으면 겨울이 온다. 겨울에는 농사일이 없으니 공부를 할 수 있을 것이다. 더욱이 여기서 나가면 돈도 없이 추운 겨울을 어떻게 날 수 있을지도 걱정이 되었다.

가을 추수가 끝나고 겨울이 되었다. 서리가 내리고 얼음이 얼고 눈이 내리고 땅이 꽁꽁 얼었다. 이제는 공부할 수 있겠구나 하는 생각에 마음이 기뻤다. 그러나 겨울이 되니 매일같이 산에 가서 땔감을 해오라고 했다. 절에는 불을 지펴야 하는 방이 여러 개 있었다.

겨울이 오면 공부할 시간이 많을 줄 알았는데 겨울에는 땔감일이 또 나의 시간을 빼앗았다. 이러다 또 봄이 오면 또 땅에 심고 가꾸는 일로 나는 또 힘들게 일해야 할 것이다. 스님께서는 나에게 글을 가르쳐 주는 것이 먼저가 아니고 절에서 필요한 일을 하게 하는 것이 먼저라는 것을 1년이 거의 다 지나고서야 나 스스로 알게 되었다.

비로소 절을 떠나야지 하는 생각이 들었다. 그러나 한겨울이라 여기를 나가면 갈 곳이 없었다. 오라고 나를 기다리는 곳도 없었다. 돈을 벌 기술도 없었다. 근심은 더 깊어졌다.

긴 잠을 자고 일어나다

하루는 스님이 나에게 글을 가르쳐 주시면서 무슨 근심되는 일이 있느냐고 물으셨다. 한문을 배우려는 열의가 전만 못하다고 하시는 것이다. 나는 아무 대답도 하지 않았다. 세상에 공짜는 없다. 절에 있으려면 일을 해야만 나라는 존재는 살 수 있었다. 하루 3끼 밥 먹는 값이 매우 비싸다는 생각이 들었다.

나는 몸이 빠르므로 다른 사람보다 일을 더 많이 했다. 또 지는 것을 싫어하고 남들 뒤에 서는 것을 싫어해서 늘 앞장서서 일했다. 겨울밤 내방은 춥다. 내가 원해서 만든 땅굴집이기 때문에 불을 지필 수가 없다. 춥고 외로운 겨울밤, 하소연하는 마음으로 어머니를 생각했다.

'왜 내가 가는 길은 편하고 쉬운 길이 없지? 나 어떻게 해야

해요, 엄마.'

그런데 갑자기 옥천 아가씨가 나를 찾아왔다.

"같이 갈 곳이 있어요. 나를 따라와요."

나는 옥천 아가씨와 처음 가보는 곳, 처음 보는 화려하고 환상적인 것들을 많이 보았다. 대화도 많이 나눴다. 너무 재미있는 구경을 하고 좋은 시간을 보냈다. 우리는 다음에 또 만날 것을 약속하고 헤어졌다.

그리고 잠에서 깼다. 일어나보니 아직 어둡고 캄캄한 밤이었다. 그런데 내 방에 호롱불이 꺼져 있었다. 호롱불은 기름통이 커서 한번 기름을 넣으면 한 달간 밤에 불을 밝힐 수 있었다. 왜 불이 꺼졌을까? 그리고 또 이상한 것은 내 몸 위에 이상한 천들이 덮여 있는 것이었다.

나는 밖으로 나와 절로 내려갔다. 날이 환하게 밝지 않았지만, 절에는 아침을 일찍 먹으니 지금쯤 모두 밥을 먹고 있을 것으로 생각했다. 식당에 들어가니 사람들이 나를 보고 반가워하는 것이 아니고 괴성을 지르며 밖으로 나가는 것이었다. '왜 저렇게 소리를 지르고 도망을 가나?' 나는 영문도 모른 채 보살님에게 여쭤보려고 다가갔다. 다른 사람들도 소리 지르며 나를 피해 도망가고 보살님은 나를 보고 놀라서 그 자리에서 쓰러지셨다.

잠시 후 보살님이 깨어나고 사람들이 나에게 몰려와 내 이름을 부르면서 내 손을 만지고 서로 얼굴을 쳐다보았다. 사람들의 말을 들어보니 나를 보고 소리를 지르고 도망가고 기절했던 것은 당연했다. 참으로 놀랍고 믿기 어려운 일이었다.

사람들이 나를 보고 도망간 이유는 내 얼굴과 옷을 보고 놀라기도 했지만, 그보다 죽었다고 생각한 내가 아직 날이 밝지도 않은 어두운 식당 안으로 걸어 들어왔기 때문이다. 모두 내가 귀신인 줄 알고 놀라 도망갔던 것이었다.

내가 잠자러 간 후 다음날 절에 오지 않아 처사가 내 집에 와 보니 내가 잠을 자고 있는데 깨워도 일어나지 않고 온종일 밥도 먹지 않았다는 것이다. 그 후 수차례 내 집을 오가며 깨워도 여전히 그 상태로 잠을 자고 있었다고 한다. 그러기를 7일, 10일이 지났는데 스님과 보살님도 걱정이 되고 하도 이상하여 부처님께 기도도 드렸다고 한다. 20일이 지나도록 깨어나지 않고, 보면 죽은 것도 아니고 살아있는 것도 아닌 것 같은 상태인데, 잠을 이토록 오랜 시간 잔다는 것은 들어보지도 못했고 본 일도 없었다고 했다.

죽은 것 같지는 않은데 인간 구조상 먹지도 않고 대소변도 안 보고 저렇게 긴 시간을 누워 있을 수 있나? 죽었다면 그 순간

부터 몸은 부패하기 때문에 냄새가 날 것인데 그렇지도 않으니 주지 스님도 어찌할 바를 몰랐다는 것이다. 만일 죽은 것이라면 장사를 지내줘야 할 텐데 지금은 겨울이라 땅이 얼어 장사 지낼 수 없으니 땅이 녹으면 땅을 파고 장사 지내기로 수일 전에 모두 모여 결론을 내렸다는 것이다.

그리하여 보살님이 베옷을 만들어 나에게 입히고 스님은 이 세상 악귀에 잡혀 농락당하지 말고 극락에 가라는 뜻으로 영사를 갈아서 내 얼굴에 잡귀가 침범하지 못 하는 비법의 글과 그림을 그리셨단다. 그림을 그리시면서 이번 생에는 가난한 집에 태어나 힘든 노동일을 하며 살았으니 다음 생에는 부잣집 아들로 태어나 편하게 살라고 비셨다고 한다. 모든 준비를 해 놓고 땅이 녹으면 묻으려고 했는데 새벽녘 시체가 식당 안으로 들어오니 비명을 지르고 기절하는 한바탕 소동이 일어난 것이었다.

그때야 내가 내 모습을 보니 삼베로 만든 죽은 사람이 입는 옷을 입고 있는 것이었다. 우물가에 가서 내 얼굴을 물에 비춰보니 빨간색으로 글을 써 놓고 무서운 그림을 그려 놓았는데 보는 순간 나도 매우 놀랐다.

그 날이 내가 잠자러 들어간 지 43일째 되는 날이란 것을 알게 되었다. 내가 세상을 산 것이 얼마 되지는 않지만, 나는 하루에 2~3시간밖에 잠을 안 자고 며칠간도 잠을 자 본 일이 없는데 43일간이나 잠을 잤다는 것은 믿을 수가 없었다.

그러나 스님과 보살님이 거짓말을 할 리는 없다. 또 30일 이상 가는 내 방 안에 호롱불이 꺼진 것도 이상했다. 하지만 부정할 수 없는 것은 겨울이 다 끝나가고 있다는 것이었다. 봄이 오는 소식들이 자연 속에 나타나고 있는 것은 시간이 그만큼 흘렀다는 것을 부정할 수 없었다.

어떻게 된 일일까? 나는 옥천 아가씨와 만나 좋은 곳을 구경하고 온 것뿐인데, 구경하는데 이토록 많은 시간이 걸렸다는 것인가? 아무리 생각해도 이해할 수 없는 일이었다. 내가 산에서 만난 노부부는 6개월씩 잠을 잔다고 했다. 그 말을 들었을 때는 그저 막연한 느낌이었는데 내가 43일간 잠자고 일어났다고 하니 강한 궁금증과 호기심이 생겼다.

스님께서도 평생 처음 겪는 일이라 참으로 궁금하다고 하시며 내게 말씀하셨다.

"삼사, (무슨 뜻인지 모르겠으나 스님은 나를 그렇게 부르셨다.) 너는 분명히 평범한 사람은 아닌 것 같구나. 이곳이 높은 산에 있는 절이기에 삼사가 무사한 것이지 동네에서 삼사가 잠자는 것을 보았다면 동네 사람들은 언 땅이라도 파서 삼사를 묻었을 것이야. 아니, 세상에 태어나 머리에 족두리도 못 쓰고 죽으면 땅에 묻지도 않아. 깊은 산속 큰 돌 아래 묻거나 불에 태워버려. 그러니 큰 돌로 묻어도 죽고 불에 태워도 죽고, 삼사는 동네에서 살았다면 죽었을 것인데 부처님한테 와서 43일간 긴 잠을 자고도 살게 되었으니 이는 부처님 은덕이야. 이 절이 아주 오래되었는데 이제 그 사명의 수명이 다 된 것 같은 생각이 드네."

절의 사명은 무엇이고 절의 수명은 또 무엇인가? 왜 이리 궁금하고 답답한 것들이 많은가? 왜 나는 스님의 말씀을 알아들을 수가 없을까? 추운 겨울, 땅속에 들어가 겨울잠을 자고 봄에 나오는 개구리, 뱀 등 여러 동물이 있다는 말은 들었지만, 내가 43일 동안 잠자고 일어났다는 말은 실감이 나지 않았다. 왜 이리 나에게는 이해하기 어려운 일들이 생기는 것일까?

4장

네 생각대로 될 것이다

절을 떠나며

　내가 절에 간 것은 한문 공부를 하기 위해서였다. 철학을 배워 수행에 필요한 돈을 벌어보려는 것이었다. 그런데 공부도 못 하고 밥 얻어먹는 노예가 되었다. '이건 아니지!' 하는 생각이 들었다. 산에 나무하러 가 양지쪽에 앉아 생각했다. 매가 산 위를 빙빙 돌고 있었다.
　'저놈은 눈이 얼마나 밝으면 높은 공중에 떠서 숲속에 숨은 토끼를 보고 날아와 잡아가는 것일까?'
　매에 잡혀간 토끼는 불쌍하지만, 토끼를 잡아간 매의 기술이 부러워졌다. 매는 일 하지 않고 배부르면 쉬고 배고프면 산에 널려있는 짐승들을 잡아먹으며 산다. 나는 저 매보다도 못한 존재구나 하는 생각이 들었다.

어머니를 따라 다니러 왔을 때와 내가 직접 살아본 절은 전혀 다른 느낌이었다. 절이란 곳이 어머니를 따라 다닐 때와는 달리 그다지 높이 쳐다보여 지지 않았다. 한해를 넘도록 절에 살면서 사람들이 절에 와서 들이는 기도 정성을 직접 보고 들으니 많은 것을 느끼게 되었다.

사람들은 쌀, 오곡, 과일, 나물, 떡 등을 부처님 앞에 놓고 절하고는 소리 내어 부처님께 요청했다. 그 내용은 "우리 집과 가족들 건강하게 해주세요. 잘되게 해주세요. 부자로 살게 해주세요. 농사 잘 되게 해주세요." 하는 것들이었다. 모두 부처님에게 달라는 내용뿐이었다. 부처님에게 뭔가를 갖다 드리겠다는 내용의 기도 소리는 단 한 번도 들어보지 못했다.

저들이 기도 정성 들이며 복을 주고 잘되게 해 달라고 하는데 부처님은 그들의 기도 소리를 듣고 도와주겠다는 것인지 안 도와주겠다는 것인지 아무런 대답이 없다. 그들이 절에 올라올 때는 힘들게 올라왔지만, 절을 내려갈 때는 빈손, 빈 몸으로 갔다.

부처님은 어떤 능력과 위력을 가지고 계시는 분일까? 누구든지 와서 도와달라는 기도 정성을 들이면 그들이 달라는 것, 원하는 것을 다 주시는 분인가? 부처님은 사람들에게 어떤 도움을 주실까? 스님에게 여쭤보고 싶지만 나와 스님은 격이 너무 차이가 난다. 그래서 궁금한 것을 감히 여쭤볼 수가 없다. 나 혼자 궁금하여 질문하고 혼자 답해 보는 것일 뿐이다.

어쩌다 눈이 계속 내려 땔감 나무도 못 하면 밥 먹기가 눈치가 보였다. 내가 열심히 일 할 때와 아무것도 안 하고 놀 때 밥 주는 보살님의 표정이 다르다. 그리고 주시는 밥도 뚜렷이 차이가 났다. 절에 사람들이 많이 오면 나는 늘 찬밥을 먹어야 했다. 더운밥은 그들 차지였다.

한문 공부하려고 절에 들어와 농사짓는 법과 땔감 나무하는 기술을 배우고 익혔다. 염불 소리, 목탁 소리를 실컷 들었다. 그리고 절에 오는 사람들은 자신이 필요한 것을 부처님에게 달라고 요청하러 온다는 것을 알았다.

더 절에 머무른다고 해서 나에게 도움 될 것이 없었다. 나는 절에 있는 사람들에게 작별인사를 하고 절을 나왔다. 그리고 광산을 찾아가 일해서 미숫가루를 만들 돈을 벌어 수행하러 산으로 돌아갔다. 약 2년간 절에서 보낸 시간을 떠올리며 수행했다. 수행하면 할수록 궁금증이 생기는데 그 궁금증에 대한 답은 알 길이 없다. 지금도 그 절에 가끔 가본다. 나는 왜 가슴속에 무거운 사연이 많을까?

네가 생각한 대로 될 것이다

나의 수행목적은 먹고 잠자고 배설하는 것이 아니다. 나는 알고 싶고 궁금한 것이 많았다. 뜨고 지는 태양 빛과 달을 보면서 궁금증이 생기고, 밤하늘에 반짝이는 별을 보고도 궁금증이 생겼다. 바람이 강약을 반복하며 부는 것도 궁금하고, 어디서 왔는지 구름이 몰려와 세상을 어둡게 하고 눈비를 내리게 하는 것도 궁금했다. 봄이 오고, 봄이 지나 여름, 가을, 겨울이 오는 것도 궁금했다. 왜 봄, 여름, 가을, 겨울이 있는 것일까? 아무런 목적과 원인도 없이 있는 것일까? 봄, 여름, 가을, 겨울이 있는 의미는 무엇일까? 원인과 목적이 있고 의미와 가치가 있는 것일까?

저 산 나무들은 어떻게 해서 생겨났을까? 창공을 나는 매와 독수리, 땅으로 다니는 토끼, 다람쥐, 육식, 초식동물들은 저절로 저렇게 다양하게 생길 것일까? 아니면 누군가가 만든 것일까? 저것들이 세상에 있게 된 원인과 목적을 눈으로 본 사람이 있을까?

사람은 왜 세상에 태어나고, 사는 목적은 무엇이며 왜 늙어 죽는 것일까? 사람이 태어나고 죽는 데 목적이 있는 것인가? 아니면 아무런 목적 없이 그냥 태어나고 저절로 늙어 죽는 것인가? 나는 무엇 때문에 태어났을까? 먹고 화장실 가기 위해 태어난 것일까?

좋은 사람, 나쁜 사람 구분해 말을 하는데 좋은 사람, 나쁜 사람의 기준은 무엇이며 누가 정한 것인가? 좋은 사람, 나쁜 사람 기준은 어떻게 만들어진 것일까? 선과 양심의 기준은 어떻게 만들어졌을까? 선과 양심의 기준의 원인과 실체는 어디이며 누구인가? 어떻게 생긴 것일까?

어른들은 자식 낳아 키우면서 자식에게 무엇을 바랄까? 스스로 자식의 몸종이 되면서 자식을 키우는 것은 무엇 때문일까? 돼지, 소, 개와 사람은 무엇이 다른가? 먹고 배설하고 번식하는 것은 똑같은데 무엇이 다르다는 것인가?

종교는 인간에게 왜 필요한가? 종교에 가서 기도 정성 들이는 사람과 종교에 가지 않는 사람과는 무엇이 다를까? 잘 살고 못 사는 것의 차이가 있을까? 좋은 사람, 나쁜 사람의 차이가 있을까? 뚜렷이 차이가 나는 것은 무엇일까? 소와 쥐도 앞일을 아는데 사람은 왜 앞일을 모르고 살까? 양반, 상놈은 원래부터 정해진 것인가? 아니면 사람들이 양반과 상놈을 만든 것인가?

산속 동물들은 힘으로 통한다. 인간 세상에도 힘으로 통한다. 지구촌 어디를 봐도 선과 양심으로 통하는 곳이 있다는 말을 못 들었다. 높은 곳에서 낮은 곳으로 흘러가는 물과 같이 순리로 통하는 곳은 없다. 나는 세상이 힘으로 통하는 것만 보았다. 병들고 가난한 노약자를 영웅 황제같이 예우해주는 곳은 보지 못했다. 사람이 이렇게 살아가는 것은 저절로 만들어진 것일까? 아니면 누군가 만든 주인이 있을까?

나는 궁금증이 쌓이면 쌓일수록 더 강도 높은 수행을 했다. 수행하면 몸은 힘들고 괴롭고 고통스러운데 마음은 한없이 가볍고 기쁘다. 몸과 마음은 왜 이렇게 다를까? 몸이 힘들고 괴로운 것을 통해 마음은 기쁘고 두뇌가 맑아지는 이유는 무엇일까?

"이 세상에서 눈에 보이는 것 모두가 저절로 생긴 것인지 아니면 창조하고 만든 분이 계신 것인지 이 땅 위에 제가 궁금해하는 것을 아는 사람이 있으면 만날 수 있게 해 주시고, 이 땅에

없고 하늘, 우주 어딘가에 계신다면 저의 궁금한 마음을 풀고 정답을 나 스스로 알 수 있도록 해 주시기를 간청 드립니다. 원인이 있으면 결과가 있다는 것을 저는 믿습니다. 원인 없는 결과는 없다고 생각합니다. 그러니 정답을 알 수 있는 지혜를 주시기 간곡히 부탁드립니다.

육신이 있는데 돈 없이는 아무것도 할 수 없습니다. 산에서 두더지처럼 산다 해도 저는 염소가 아니고 인간이기 때문에 곡물을 안 먹고는 살 수 없습니다. 제가 염소와 같은 식성을 가졌다면 곡물 없이 세상에 내려가지 않고 수행할 수 있겠지만 저는 염소가 아니어서 산에 있는 나무와 풀만 먹고는 살 수 없습니다. 사람들은 돈을 자신의 생명처럼 중히 여기며 돈에 메여 살고 있습니다. 지구의 주인님, 우주의 주인님, 삼라만상을 만들고 창조하신 하나님, 그분이 계신다면, 저의 간절한 마음을 듣고 보실 수 있다면, 저의 궁금증을 풀 수 있는 길과 방법을 가르쳐 주시고, 제가 어떻게 하면 돈을 벌 수 있는지, 부디 수행하는데 필요한 만큼 돈도 갖게 해 주시길 간절히 부탁드리고 바랍니다."

사무치고 애절하게 간절한 마음으로 수행하고 기도 정성을 들였다. 내 기도 정성이 어디로 가고 누가 받는지도 모르면서 나는 간청 드리는 수행 정성을 했다. 복잡한 상태의 마음을 정리하고, 깊고 심도 있는 수행을 위해 아주 위험한 장소에서 수행을 이어갔다. 그런데 수행 중에 허공으로부터 소리가 들려왔다.

"네가 하고 싶은 대로 되고, 네가 알고 싶은 대로 알게 될 것이다. 걱정하지 말고 행하여라."

수행할 때마다 이처럼 음성이 들리는 일이 수차례 반복되었다. 수행이 안 될 때는 온몸이 아프고 머리가 복잡하고 혼란스러워 그냥 앉아 있을 수조차 없을 정도로 어지럽다. 그러나 수행이 잘 될 때는 아프고 지루한 것도 없고 마음이 편하고 기쁘고 즐겁다. 무한한 생각들이 두뇌에 떠오르고 내 몸이 흰 구름을 타고 허공을 둥실둥실 떠다니는 것만 같다. 거대한 나무도 뽑아내고 거대한 바위도 옮길 수 있을 것 같은 생각과 힘이 솟아났다.

그리고 무엇보다 내가 생각하는 것, 말하는 것을 누군가가 듣고 있다는 확신이 생겼다. 허공에서 들리는 소리이기는 하지만 내가 생각한 대로, 내가 하고 싶은 대로 된다는 말과 아무 걱정하지 말고 행하라는 말이 내 마음에 큰 힘이 되고 위안이 되었다.

서울행

산 수행을 마치고 하산하며 나는 생각했다. '이번에는 농촌에 머물지 않고 한국 땅에서 제일 크다는 서울로 가야겠다.' 수행하고 내려온 곳에서 서울까지는 약 450리 거리가 된다. 하루에 서울을 가기는 무리다. 돈 없는 나로서는 유일하게 이동하는 방법이 걷는 것이기 때문이다.

밤낮으로 걸어서 도착한 곳은 한강이 인접한 촌 동네였다. 때마침 늦은 봄에 서울에 왔기에 춥지 않아 좋았다. 시원한 한강을 보니 내 가슴도 뻥 뚫리는 것 같았다. 큰 돌, 작은 돌이 깨끗하게 강바닥에 깔렸고 깨끗한 모래는 금빛이 나서 눈이 부셨다. 그 광경이 너무나 아름다웠다. 거칠고 습한 가랑잎 위에서 살다가 강가의 고운 모래를 보니 따뜻한 느낌이 들었다.

서울은 동네와 사람이 많아서 좋고 잠자기 편해서도 좋았다. 동네 옆에는 한강에서 물을 퍼 가려 나온 사람들로 조금 시끄러우나 그 외에는 대부분 조용했다. 지금은 한강 물을 먹으면 병이 되고 죽을 수 있지만, 그 당시에는 그 물을 정수 없이 그냥 먹을 수 있었다.

그 시대에도 권력자, 부자들은 미국과 일본에서 좋은 음식, 좋은 물을 가져다 먹으며 살았겠지만, 서민들은 지하수를 파서 먹거나 한강 물을 먹으며 살았다. 한강 물을 먹고 사는 사람들은 비가 오면 흙물이 내려와 빗물을 받아먹는 집도 있었다. 그때는 동네에서 한강으로 들어가기가 쉬웠다. 강이 깊지 않았기 때문이다. 지금은 한강 주변에 높은 빌딩들이 서 있지만, 그때는 비가 조금 오면 천호 주택가까지 물에 잠겼었다.

그 시대에 한강이 깨끗한 이유는 근처에 축사나 공장이 없고 오직 농사짓는 시절이었기 때문이다. 그때는 농약사용이 없었다. 한강 물을 못 먹게 된 것은 60년대 축사와 공장들이 하나, 둘씩 생기고 한강의 모래와 자갈을 집중적으로 파내어 강이 깊어지고 오염되기 시작하면서부터이다.

그 당시 내가 아는 서울은 청량리, 남대문, 영등포, 서대문, 미아리, 천호 정도였다. 청량리에서 차를 타면 영등포가 종점이고 영등포에서 차를 타면 청량리가 종점이었다. 그 주변은 모두 논과 밭이거나 잡초가 무성한 모래땅이었다. 그 시대는 어느 식당, 어느 집이고 들어가 배고프니 먹을 것을 달라고 하면 얼른 내주었다. 그리고 가게에 있는 것을 주인 허락 없이 집어 먹어도 도둑으로 몰지 않았다.

서울 어디를 가든 밥을 얻어먹을 수 있고 마차도 공짜로 짐 싣고 탈 수 있었다. 공짜로 잠도 재워주었다. 50~60년대는 황소 같이 일하고 요즘 소, 돼지, 닭들이 먹는 것보다 못한 것을 먹으면서도 꿈과 희망이 화산같이 솟아나는 열정을 가지고 서로 돕고 위하며 살았다.

그 시대에 비해 지금의 서울은 100배 이상 발전했고, 1,000배나 편리해졌다. 외형적인 생활환경이 눈부시게 발전하고 먹을 것, 입을 것이 넘쳐 나는 풍요로운 세상이 되었다. 그러나 그에 비해 인심은 100배나 나빠졌다. 부모와 자식 간에도 돈과 힘으로 통하고 서로 못 믿어 불신하는 각박한 세상이 되었다. 위아래가 없고 자신의 편리만을 생각하는 이기주의 사회가 되었다. 요즘은 전국 어디를 가나 희망 없는 소리, 불평불만 하는 소리만 들린다.

이같이 인심이 변하고 이기주의 세상, 불평불만이 많은 세상이 된 것은 앞일을 내다보지 못하는 무지로 인해 부모세대들이 각자의 자식 교육을 잘못했기 때문이라고 생각한다.

이런 이야기를 쓰려면 한이 없다. 그리고 화가 난다. 아무튼, 그 당시 서울은 내가 지내기에 참 좋았다. 한강의 맑고 깨끗한 물과 모래, 넓고 조용한 강가, 그리고 무엇보다 좋은 점은 농촌에서 한 달 버는 것보다 밤과 낮을 가리지 않고 하루에 더 많은 돈을 벌 기회가 넘쳐났다는 것이다.

수행자에게 힘들고 어려운 것이란 별로 없다. 수행자에게 못 먹고 못 입는 것이란 없다. 밤에는 서울거리를 다니며 메밀묵과 찹쌀떡을 팔았고 낮에는 잡다한 노동일을 했다. 하루 노동일을 하면 500원을 받을 수 있었다. 나에게는 큰돈이었다. 그 당시 안 해본 것 없이 돈 되는 거라면 다 해보았다. 잠은 한강 모래밭에서 잤다.

그러던 어느 날 늦은 밤 한강 변에서 잠자고 있는데 꿈속에서 누군가가 나에게 말했다.

"그런 일은 하지 말고 상담을 하세요."

그날부터 나는 철학 상담을 하는 기술을 배우기 위해 미아리를 비롯해 서울 시내 곳곳을 걸어 다니며 찾아보았다. 점술가, 철학관, 남의 운명을 봐 준다는 사람들을 찾아가 물어보았다. 하지만 내가 어떻게 살아왔는지, 지금 어떻게 살고 있는지 아는 사람이 없었다.

나는 호기심이 생겨 점술가들의 말이 얼마나 맞는지 테스트를 했다. "나는 어릴 때 어머니가 돌아가시고 어머니 호적도 없어서 내 성씨가 무엇인지 몰라 알고 싶다"라고 했다. 서울을 비롯해 수원, 인천, 부산, 지방 도시를 다니며 물어보았지만 단 한 곳도 내가 성씨를 물어보는 것이 거짓말, 가짜라는 것을 아는 곳이 없었다.

생년월일을 가지고 푸는 사주팔자라는 것도 사람마다 달랐다. 관상, 손금, 작명으로 보는 것도 마음에 드는 것이 없었다. 나는 의문이 생기기 시작했다. 세계 인류의 운명이 저 작은 명리학책 한 권에 다 들어있다는 말을 믿어도 될까? 그렇다면 그것을 잘 풀어 안다는 사람들은 왜 잘 살지 못하고 가난하게 살고 있을까?

사람들이 점술가, 철학관을 찾아가는 목적은 자신의 앞일을 알고 싶어서다. 그런데 앞일을 모르는데 그다음의 이야기를 들을 필요가 있을까?

나는 한문 공부와 배우던 철학을 집어치우고 내가 현재 하는 수행에서 느끼고 깨달은 것을 가지고 사람들에게 상담해 주기 시작했다. 그런데 나에게 상담을 받은 사람들이 나를 보고 "영험하다"라고 했다. 그러면서 사람들이 몰려들었다.

궁금증을 풀 기회

내가 상담할 때 초점을 맞추는 부분은 나를 찾아온 사람들이 하고 싶어 하는 일이 앞으로 잘 될 것인가, 아니면 안 될 것인가 하는 것이다. 사람들의 구체적인 바람은 1. 어떻게 하면 돈을 벌어 잘 살 수 있나, 2. 어떻게 하면 아이들을 잘 가르칠 수 있나, 3. 어떤 사업을 해야 하나 하는 것이다.

그 시대에는 건강하게 오래 살고 싶거나 낫고 싶은 병이 있어서 내게 상담을 오는 사람은 많지 않았다. 요즘은 60년대에 비해 병자가 1,000배나 많아졌고 초대형 병원이 무수하게 많아졌다. 그렇지만 병이 빨리 낫지 않거나 병원에서 병명도 모르는 병이 많다. 그래서 그런지 나를 찾아오는 사람의 숫자가 계속 늘어나고 있다. 무슨 이유인지 몰라도 현대로 올수록 병으로 아픈 자와 병으로 죽는 자가 계속해서 늘어나고 있다. 나에게는 병원에서 못 고치는 병자와 돈 없어서 못 고치는 병자만 찾아온다.

그 시대는 경제개발계획으로 본격적으로 산업화를 하던 시기였기 때문에 돈을 벌 좋은 기회들이 너무 많았다. 요즘 부자로 산다는 사람들 대부분은 사업과 부동산으로 돈을 번 것이다. 대기업들도 물건을 만들어 수출도 했지만, 부동산으로 큰돈을 번 것이다.

60년대는 잠실 땅을 100원에도 사려고 하는 사람이 없었다. 모래땅에는 농사도 지을 수 없기 때문이다. 어디에도 쓸모가 없으니 잠실대교를 놓을 당시만 해도 모래땅을 사려는 사람이 없었다. 그런데 지금 그 땅 위에 고급 백화점, 한국에서 제일 높은 빌딩, 고급 아파트 단지가 세워져 있다.

그 시대는 사람들에게 돈 버는 길을 찾아 주기가 쉬웠다. 무조건 공장을 세우면 돈을 벌었고, 하루만 일해도 서울 땅 10~50평 이상은 살 수 있었다. 지금은 수십 층 높은 아파트와 고층 빌딩이 서 있는 경기도 어느 시의 땅이 그 시대는 평당 100원도 안 했다. 그 시대에 내가 밤에는 메밀묵과 찹쌀떡을 팔고 낮에는 '똥 퍼' 소리 지르며 다녀 번 돈이 3,000~7,000원이었다.

청계천 판자촌이 지금의 성남으로 이전할 때 성남 땅 집터 20평이 1만5천 원~3만 원이었다. 그 시대에 돈을 못 번 사람들은 돈에 관심이 아예 없는 사람들뿐이었다. 지금은 성남 땅이 서울 땅값과 비슷하다. 그 시대에 땅을 사고파는 일은 요즘 주식 사고파는 것처럼 쉬웠다. 그래서 땅으로 돈을 번 사람들이 많았다.

나를 찾아온 사람들을 돈 벌게 해주고 나도 돈을 많이 받았다. 나는 내가 수행 중에 궁금해했던 것들을 풀 좋은 기회가 왔다고 생각했다. 많은 돈이 생겼기 때문이다. 세상에서 명예와 지위가 높은 지도자를 만나는 데에는 두 가지 방법이 있다.

첫 번째는 상대가 쳐다볼 만한 돈을 조건 없이 기부하는 것이다. 두 번째는 지도자들이 좋아하는 일을 해 주는 것이다. 나는 곧 실천에 나섰고 첫 번째 방법으로 내가 어린 시절 하늘같이 높이 위대하게 쳐다보던 지도자들을 만날 수 있었다.

어느 분야가 되었든 지도자들이 좋아하는 것이 있다. 1. 조건 없이 기부하는 큰돈, 2. 조직을 확장해 나가는데 필요한 신도나 회원을 많이 만들어 주는 것, 3. 특수한 운동기술을 가진 사람이다. 나는 산에서 수행하며 익힌 약자가 강자를 단 한 번에 제압하는 운동기술과 비법을 가지고 있다. 나는 1, 2, 3번을 모두 갖추고 있었기에 높고 높은 지도자들을 쉽게 만날 수 있었다. 내가 만나고 싶은 누군가를 목표로 정해 놓으면 3개월을 넘어간 사람 없이 모두 3개월 안에 만났다.

그들을 만나기 전, 나는 꿈과 희망에 부풀어 있었다. 비로소 지구와 우주 삼라만상에 대한 궁금증을 풀 수 있을 거라는 생각 때문이었다. 한껏 부푼 기대와 설렘으로 그들을 만났으나 그들을 만난 후 나는 더 큰 고민과 궁금증에 빠지게 되었다.

나의 궁금증을 풀어주기는커녕 내 물음을 이해하지 못하는 사람도 있었고, 내 말을 듣고 '이 시대의 새로운 지도자가 될 사람', '앞으로 큰일 할 사람', '사명을 받은 청년'이라며 나를 추켜세우고 나의 비위를 맞추려는 사람들도 있었다. 그러면 나는 이렇게 대답했다.

"큰 지도자가 될 사람이 거지같이 얻어먹고, 농사일, 잡일을 하고, 밤에는 떡 팔고 낮에는 거리를 다니며 똥 푸는 일을 하며 먹고 살겠습니까?"

여러 지도자를 만나면서 나는 그들 조직에서 부분적으로 인정을 받게 되고 여러 곳에서 강의도 하게 되었다. 강의의 주제는 다양하지만, 핵심적인 내용은 1. 세상 사람들 모두는 한 치 앞일을 모르고 두 눈 없는 사람처럼 살고 있다는 것, 2. 가난하게 사는 것, 병으로 아프고 병으로 죽는 것, 한 치 앞일을 모르는 것은 죄라는 것, 3. 세계에서 제일 부강한 한국이 될 수 있는 길에 대한 것이다.

용산 주한미군 부대 내 강당에서 강의할 때는 '국경 없는 세상, 미사일, 핵무기 없는 세상이 온다. 오색인종 모두는 한 형제'라는 주제였다. 중·고등학교와 대학교에서는 '지혜인이 되는 길과 방법'을 강의하고, 공공기관과 회사, 학부모들에게는 '손해와 실패 없이 사업에 성공하는 길과 사고와 불행한 일을 당하지 않고 무병으로 사는 길과 방법'에 대해 강의했다. 63빌딩과 세종문화회관에서는 '세계 종주국이 되는 한국'에 대해 강의했다. 그밖에 최근에는 '미래 로봇 세상과 로봇 세상에서 살아가는 길과 방법'에 대해 강의한다.

궁금증을 풀어보려고 한동안 높고 높은 지도자들을 만났지만 내게 이해가 되도록 말해주는 사람은 단 한 사람도 없었다. 사람을 존경하려면 멀리서 봐야 한다는 말이 있다. 지도자들을 가까이하며 같이 지내본 결과 모두에게 너무 실망하게 되었다. 남의 앞일은 몰라도 자신의 앞일조차 모르는 그런 지도자를 쳐다보고 싶은 마음은 없었다. 그리고 외국에서 찾아보면 몰라도 국내에서는 더 만나보고 싶은 호기심 가는 지도자가 내 눈에 안 보였다. 그동안 많은 돈과 시간을 낭비했다는 생각이 들어 후회되었다.

나는 그들을 만나보고 확인했다. 내가 수행을 하며 찾고 알게 된 내용이 그들의 것보다 아래에 있는 것이 아니고 그들 위에 있다는 것을. 그리고 그들은 등기우편 비용이 아까워 그동안 일반편지만 쓰고 보내고 있었다는 것을. 그리고 궁금증이 생겼다. 왜 그들은 확인하는 수행, 기도, 정성을 하지 않고 자기만 좋아서 보내는 짝사랑 편지만 쓰고 있을까?

수락산 수행

"인간이 배우고 노력해도 잘 살지 못하는 것은 무지가 원인"

나는 한강 생활을 접고 서울에서 가까운 수락산으로 갔다. 지금은 수락산으로 올라가는 길이 많지만 70년대만 하더라도 수락산은 서울 쪽에서 올라가는 길과 퇴계원 청학리에서 올라가는 길만이 있었다.

나는 수락산에서도 거처와 수행처를 만들어 수행했다. 산 3부 능선에 있는 넓은 마당바위 밑에 7명 정도가 들어가 잠잘 수 있는 굴을 한 달간 파내어 거처할 곳을 만들고, 산 4부 능선에 있는 커다란 거북바위 아래쪽 돌을 파내 2명이 들어가 앉아 수행할 수 있도록 수행처를 만들었다. 그리고 혼자서 금식 수행하기 위해 외지고 험한 8부 능선에 나만의 수행터를 만들었다. 그리고 이곳에 나를 따르는 사람 7명을 데리고 가서 수행을 함께

했다.

수락산은 서울이 가까워 산에 오는 사람들이 제법 많았다. 낮에는 굴속에서 수행하고 밤에만 나와 물 퍼오고 활동하다 보니 수상한 사람으로 신고가 되어 7명이 한 사람씩 수사관에게 불려가 조사를 받았다. 마지막으로 내가 불려갔는데 여러 명의 대공 특별수사관들이 두 달간 산속에서 잠복근무하며 우리를 관찰했다는 것을 알게 되었다.

그들은 우리가 낮에는 굴속에 가만히 있고 밤만 되면 나와 물을 퍼가고 기검도 운동을 하는 것으로 보아 큰 도둑의 우두머리 아니면 간첩인 줄 알았다고 했다. 큰 조직의 범죄자를 잡는다는 확신으로 추운 겨울 잠복근무를 했는데 우리의 일거수일투족을 조사하면서 헛수고하게 된 것을 알고 실망했다고 했다.

조사하는 과정에서 내가 찾은 내용과 기술을 특별수사관에게 말하게 되었다. 내 말을 관심 있게 듣던 수사관은 "이것은 분명 한국을 세계 제일가는 부강한 국가로 만들 수 있는 내용과 기술"이라고 하며 "한국 미래에 희망을 만들어 줄 나에게 감사하다"라고 했다. 그리고 다음의 말도 덧붙였다.

"탄탄한 핵심 조직이 구성되기 전에는 절대 세상에 드러내지 마세요. 그리고 몸조심하세요."

"그것은 왜 그렇습니까?"

내가 되물었다.

"우리에게는 좋은 일이지만 타국에서는 시기, 질투할 수 있는 내용이죠. 좋은 기술은 빼앗아 갑니다. 기술만 빼앗아 가는 것이 아니라 사람도 해칩니다."

내가 찾은 내용과 기술을 높이 평가하고 나의 신변도 걱정해 주니 특별수사관이 매우 고마웠다. 나는 다시 산으로 돌아와 수행에 전념할 수 있었다.

그렇다. 내가 찾고 발견한 기술이란 '미래 한국 국민이 행복하게 살 수 있는 길'이고, '한국을 세계에서 제일 잘 사는 부강한 국가로 만들 수 있는 기술'이다. 또한, 특별수사관의 말처럼, 세상은 나보다 앞서가는 사람을 싫어하고 반드시 시기와 질투를 한다. 세계 그 어디에도 선과 양심으로 통하는 곳은 없고, 세상의 법은 돈과 힘이다. 법원 앞에 저울이 걸려 있지만, 사회는 수평으로 통하지 않고 힘 있는 변호사로 통한다.

산속에 사는 생명과 세상에 사는 생명이 무엇 하나 다른 것이 있을까? 내가 보고 느끼고 생각한 바로는 없다. 동물들이 사는 세상이나 인간들이 사는 세상이 똑같게 된 원인은 바로 무지 때문이다. 무지로 인해 앞일을 모르기 때문이다.

인간은 앞일을 모르기 때문에 아무리 믿고 배우고 노력해도 두 눈 없는 사람처럼 살아가게 된다. 세계 최고대학에서 박사가 되어도 앞일을 모르면 두 눈 없는 사람처럼 살아갈 수밖에 없다. 인간은 앞일을 모르기 때문에 서로 서로가 고통과 불행을 주고받으면서 사는 것이 원칙인 양 살고 있다.

나는 그 후로도 큰 산에서 7~9개월의 수행을 끝내고 서울에 오면 낮에는 상담하여 돈을 벌고 밤에는 수락산에서 수행하며 지냈다. 그래서 수락산 거북바위 밑 수행처와 마당바위 밑 거처를 장기간 사용하게 되었다.

수락산은 서울에서 가깝고, 깨끗하고 좋은 바위와 소나무가 많아 수행하기 좋았다. 그러나 현재는 그렇지 못하다. 사람들이 너무 많이 모여들어 시끄럽고 오염되었기 때문이다. 사람이 많이 가는 산은 수행하기 어렵다. 수행은 사람이 안 가는 곳에 가야 할 수 있다. 사람이 가는 곳, 사람의 손이 닿는 곳은 공기도 물도 기운도 깨끗할 수 없다.

마음과 생각으로 통하는 사람들

"앞일을 알아야 살아있는 사람이라고 말할 수 있다"

수행하는 사람들은 전국 산 어디에 있든지 어느 지역, 어느 도시에 살든지 서로 마음의 뜻과 생각을 주고받는 일이 가능하다. 지금이야 요양원에 있는 노인과 초등학교 입학도 안 한 어린이들도 휴대폰으로 소식을 주고받으며 살지만, 전화와 휴대폰이 없던 시대에 살던 사람들은 먼 거리에 떨어져 있는 사람에게 말과 생각을 전하려면 직접 찾아가거나 편지, 전보로 전했다. 급한 일이 생겨 움직일 때는 미쳐 서로 소식을 전하지 못했다.

나는 산에 들어가 수행을 시작하면 사람을 만나지 않고 수행하는 것이 기본이고, 만 7~9개월 동안 수행하는 것이 두 번째 기본규칙이다. 세 번째 기본규칙은 수행이 끝나고 산에서 내려올 때는 수행하러 들어갔던 길로 내려오지 않고 다른 길로 내려오고 산에서 출발해 집에 도착할 때까지 소리 내어 말 하지 않는 것이다. 부득이하게 중간에 전할 것이 있으면 메모지에 써서 보여준다. 이처럼 하는 이유는 산에서 들인 수행 정성을 중간에 손실 없이 집까지 가지고 온다는 뜻에서이다. 그렇기에 수행 끝나고 집에 올 때까지 내가 산에서 내려오는 날짜와 시간은 나 자신 외에 그 누구도 알 수 없다.

그런데 말하지 않아도 아는 사람들이 있다. 가족들이다. 나는 산에 가 수행하고 있는 기간에도 집에 있는 가족들에게 기쁜 일, 어려운 일이 있는 것을 안다. 마음과 생각을 보내면 알게 된다. 가족들 역시 집에서 나와 같이 심도 있게 수행을 하니 수행하러 산에 간 내가 수행이 잘 되고 있는지 어려운 일이 있는지 알게 된다. 그래서 수행 끝나고 집에 오면 가족들이 내가 올 날을 맞추어 모여 있게 된다.

그런데 모인 사람 중에는 가족이 아닌 사람들도 있다. 나와 상담하여 수행을 배워 먼저 간 자신의 부모 형제와 대화를 한 사람 중에는 내가 언제 어느 시간에 산에서 내려와 집에 오는지, 혹은 집보다 먼저 수락산으로 가는지 미리 알고 나보다 먼저 와 나를 반기는 사람들이 있다.

나는 모여 있는 그들이 반갑고 그들은 수행을 무사히 마치고 온 내가 반갑다. 서로가 떨어져 있어도 마음이 통해 알게 된 것이니 더욱 그렇다. 내가 수행하면서 내일 몇 시까지 서울집이나 수락산 거처로 간다고 생각하고 수행하면 수행을 심도 있게 하는 사람들에게 내 생각이 전달된다. 그렇게 영감으로 날짜와 시간을 알고 몰려와 만나게 된다.

또 다른 경우는 수행 중에 자신들의 부모님 신에게 물어봐서 알게 되기도 한다. 이런 경우는 날짜와 시간이 거의 오차 없이 정확하다. 수행을 가슴으로 하는 사람은 수행을 며칠만 해도 자신의 앞일을 알고 먼저 간 부모 형제 신과 대화하게 된다. 수행할 때만 대화하는 것이 아니고 직장에서 일하고 있을 때, 여행하고 있을 때, 사람과 만나 대화하고 있을 때도 자신의 눈으로 못 보고 모르는 것에 관해서 물어보면 소통하여 알게 된다.

내가 하산하는 날짜와 시간을 알고 오는 사람들은 가깝게는 서울에서 멀게는 부산, 제주도, 강원도, 전라도에서 오는 사람들도 있다. 그들의 직업도 다양하다. 농사짓는 사람, 사업하는 사람, 직장에 다니는 사람, 종교를 믿는 사람, 학생들도 있다. 70대 어른이 10년을 해야 수행체험 할 수 있는 위력을 중고생들은 10일만 하면 수행의 위력을 체험하고 신비와 기적의 힘도 확인하게 된다. 나이가 많을수록 수행의 신비와 기적, 축지법의 체험이 약하다. 학생들이 월등하게 빠르다.

  수행도 머리로 하는 사람은 앞일을 알기 어렵지만, 가슴으로 심도 있게 수행하는 사람은 앞일을 몰라서 손해 보고 사고와 불행한 일, 억울한 일을 당하는 일은 없다. 알면서도 모르는 척 속아주고 들어주는 것은 있어도 전혀 몰라서 속고 이용당하고 후회하는 일은 없다.

  시력이 안 좋아 돋보기안경을 쓰면 작은 글씨도 볼 수 있고, 맨눈으로 볼 수 없는 우주를 대형 망원경으로는 관찰할 수 있는 것처럼 한 치 앞에 닥칠 사고와 죽음, 미래 일이 안 보일 때는 수행하여 보면 영감을 통해 볼 수 있다.

  나는 사람이 자신의 앞일을 알아야 살아있는 사람이라고 말할 수 있다고 본다. 앞일을 모르는 사람은 살아있는 사람이 아니다. 그 이유는 언제, 어디서, 어떤 사고와 불행한 일로 죽게 될지 모르기 때문이다. 지구상에 사고와 죽음에서 자유롭고 예외가 되는 사람은 없다. 사고와 불행한 죽음은 경고도 예고도 없이 찾아온다.

  수행해도 머리로 하는 사람은 오히려 교만 방자해지고 역행자가 된다. 수행을 가슴으로 하면 순행자가 된다. 순행자는 가슴 속에 비밀이 없고 세상과 남의 말을 하지 않는다. 세상에 모든 사건, 사고는 앞일을 모르는 사람들이 만들어 낸다. 세상 이야기, 남에 대한 말들도 앞일을 모르는 사람들이 만들어 낸다. 그 이유는 상대방 속마음을 보지 못하기때문이다. 앞일을 모르는 사람들은 서로 가슴속 비밀이 많은 것을 경쟁하는 재미로 산다.

역행자, 가슴속에 비밀이 있는 사람과 마음이 새털같이 가벼운 사람은 먼저 간 부모 형제와 대화하기 어렵고 자신과 가족의 앞일을 알기도 어렵다. 가슴속에 불신을 갖고 사는 사람은 수행해도 자신의 앞일을 모르고 날짜와 시간의 차이만 있을 뿐 반드시 부모와 형제를 버리고 수행도 버린다. 이런 사람은 현실에서 가족도 친구도 스승도 버린다. 배신은 이런 사람들의 몫이다. 그래서 이런 사람과 대화할 때는 힘들다. 지금은 반기며 좋아해도 훗날 적이 될 사람 임을 알기 때문이다.

말로 다 할 수 없는 기쁨과 행복

"병의 천적을 알게 되다"

나에게 상담을 받아 기적과 신비를 만들어 낸 주인공들은 길에서 자판을 펴고 장사를 하던 사람부터 수조 원의 재산을 가지고 세계를 내 집 드나들 듯 다니고 높은 자리에서 힘과 권력을 휘두르던 사람들까지 다양하다.

수많은 사람을 만나보면 대체로 돈과 재산이 많은 사람이 오래 살고 싶어한다. 권력을 가진 사람 역시 오래 살고 싶어한다. 그런데 특히 이런 사람들이 사고와 불행한 일, 비극적인 일을 잘 당한다. 죽음의 병도 잘 걸린다. 이런 사람들이 수행하면 두 가지 경우가 있다. 지성으로 수행을 하는 경우, 돈으로 수행을 하려는 경우이다. 돈으로 하는 수행은 쉽지만, 수행은 절대로 돈으로는 할 수 없다.

김신삼이란 사업가가 돈도 있고 지역사회에서 높은 지위도 가지고 있는데 말기 암이란 진단을 받았다. 암이란 아프지도 않다가 어느 날 아파서 병원에 가면 말기라는 진단을 받고, 수술하려 했다가 수술도 못 하고 포기하는 경우가 많다. 김신삼도 수술대에 올라갔지만 수술도 못하고 병원에서 포기하고 말았다. 병원으로부터 얼마 못 살 것이라는 진단결과를 들었다.

　　김신삼은 죽어 땅속에 묻힐 것을 생각하니 숨이 막히고 눈물이 펑펑 났다. 그동안 몸을 잘 돌보지 않고 돈 벌고 즐기는 일에만 힘쓰며 살아온 것이 후회되었다. 인간은 누구나 똑같다. 기쁘고 좋은 일이 있을 때는 병원과 약을 쳐다보지 않다가 몸이 아파 죽게 되면 병원과 약을 생각하고 쳐다본다. 평소에는 돌아가신 부모님 생각도 잊어버리고 제사도 안 지내거나 형식적으로 지내면서 죽음의 병에 걸리면 부모님, 조상님을 생각하고 찾고 부른다.

　　나에게 수행을 배우고 간 김신삼은 죽음의 공포와 부모님에 대한 미안함과 순리를 외면하고 살아온 지난날의 후회 속에서 울면서 수행을 했다. 부모님을 부르고 또 부르고 찾았다. 그러다가 수행 도중 자신의 부모님을 꿈속에서 만나 대화가 이루어졌다. 김신삼은 부모님으로부터 병을 고칠 수 있는 처방법을 받아 병원에서 포기한 말기 암을 고쳤다.

　김신삼은 나를 찾아와 기쁘고 좋은 것을 말로 다 할 수 없고 세상이 모두 자기 것이 된 것 같이 행복하다고 했다. 그리고 병이 완치된 후에도 수행을 중단하지 않았다. 사업을 할 때 부모님께 물어보고 결정하고 공사 입찰을 보러 갈 때도 부모님께 물어보았다. 그러면 손해 보는 일이 없고 실패하는 일이 없었다. 자식들이 어려운 시험을 보러 갈 때도 부모님이 가르쳐 준 대로 해서 어려운 시험에 합격하여 자식들도 좋은 곳에 가서 근무하게 되었다. 마침내 자식들까지 온 가족이 모두 수행을 하게 되었다. 수행은 인간의 기술과 힘으로 불가능한 것을 가능하게 만들어 준다.

　김신삼은 병원에서 사형선고를 받은 병을 타인의 도움 없이 먼저 간 부모님 신의 처방 도움을 받아 직접 병을 고쳤기에 병에 대한 두려움이 없어졌다. 먼저 간 부모님과 대화를 할 수 있게 되었기 때문에 사업과 입찰, 회사직원들과 충돌, 자식과 손주들의 공부와 결혼, 미래일 등 가정문제에 대해서도 걱정이 없어졌다. 언제 어디서 사고와 불행한 일을 당하게 될지 모른다는 불안함도 없어졌다.

　죽음에 대한 공포도 없어졌다. 먼저 저세상에 간 부모님을 만나 대화하기 전에는 이 세상에서 죽으면 모든 것이 끝이라고 생각했는데, 부모님과의 대화로 마음, 정신은 죽지 않고 다음 단계의 삶이 있다는 것을 확인했기 때문이다. 김신삼은 부모님과의 대화로 늘 기쁘고 행복하다고 했다.

가을 찬바람에 나뭇잎이 떨어진다고 나무뿌리가 죽은 것은 아니다. 겨울이 지나고 따뜻한 봄이 오면 나무에서 다시 새싹이 돋아난다. 죽음이란 몸에 걸친 옷을 벗어버리는 것과 같다. 사람은 두 눈이 있어도 다음 세상의 삶을 보지 못하기 때문에 매 순간 죽음의 공포와 두려움 속에서 살아간다.

자신의 앞일을 아는 사람은 지옥과 천당이 '있다', '없다' 하는 소모적인 논쟁을 하지 않는다. 자신의 앞일을 보고 아는 사람은 육신의 삶에 목적을 두지 않고 다음 세상의 삶을 위해 개성완성에 목적을 두고 산다. 수행을 모르는 사람, 수행체험이 없는 사람은 알 수 없다. 수행해 봐야 알 수 있다. 아무리 시력이 좋고 많이 배웠어도, 그동안 자신이 살아온 것이 두 눈을 감고 두 눈 없이 살았던 삶이었다는 것을.

사람들은 병의 천적이 있다는 것을 모른다. 고양이가 있는 곳에 쥐가 오지 않는 이유는 쥐의 천적이 고양이기 때문이다. 인간을 만물의 영장이라고 하는데 인간에게도 천적이 있다. 인간의 천적은 병균이다. 병균을 무서워하지 않는 사람은 없다. 그러나 병의 천적을 알게 되면 무서워할 이유가 없다.

병의 천적은 순리다. 태양 빛 아래 습기와 곰팡이가 생길 수 없듯이 순리가 있는 곳에 병은 생길 수 없다. 김신삼은 수행을 하면서 순리를 깨닫고 순리대로 생활했기에 먼저 간 부모님과 대화하고 병을 고칠 수 있었던 것이다. 모든 것이 편리하고 좋은 세상에서 왜 병으로 아프고 고통받으며 병으로 죽을까? 순리가 병의 천적이라는 것을 모르기 때문이다. 그래서 무지가 죄라는 것이다. 모든 질병과 사건 사고는 무지에서 비롯된다.

밝은 태양 빛 아래 있는 것

"순리대로 사는 길이 수행에 있다"

　서울에 산다는 이현오라는 사람이 찾아와 세상에서 안 된다는 일만 찾아 해결해 주신다는 소문을 듣고 왔다고 했다. 내가 이현오에게 물었다.
　"간판도 없는 집에 어떻게, 누구의 소개로 왔습니까?"
　"한의사 친구가 선생님 이야기를 하는 것을 들었습니다"
　"뭐라고 말하던가요?"
　"선생님께서는 다른 사람들이 못 고치는 병을 고치고, 무엇이든 남들이 안 된다고 하는 일만 된다고 하시는 분이라고 했습니다. 그 말을 들으니 호기심이 생겼습니다."
　"그럼, 저를 찾아온 목적은 무엇입니까?"
　"저의 진짜 성이 무엇인지 알고 싶습니다. 지금 제가 쓰는 성은 가짜입니다. 어머니께서는 저를 낳으시고 저를 키워준 아버지와 혼인신고도 없이 사셨습니다. 저를 낳아준 친아버지는 군인이었는데 어머니께서 친아버지에 대해서는 묻지도, 알려고 하지도 말라고 하셔서 그러겠다고 어머니와 굳게 약속했기 때문에 한 번도 물어보지 못했습니다. 저는 진짜 성을 알고 싶어서 서울, 인천, 대전, 부산, 잘 본다고 소문 난 곳을 다 찾아가 봤지만, 가는 곳마다 성이 다르게 나오니 믿을 수가 없어요."

"그럼 내가 말해 주는 것은 믿고 신뢰할 수 있겠습니까? 대답해 보세요. 내가 당신의 진짜 성이 '이'가, 혹은 '박'가라 하면 믿음이 생기겠습니까? 당신의 진짜 성을 아는 사람은 당신을 낳은 어머니 한 분뿐이니 어머니에게 물어보면 될 것을 왜 남에게 물어보고 다닙니까?"

"그거야 저도 알지요. 그러나 저의 어머니는 수십 년 전에 돌아가셨는데 어떻게 물어보겠습니까?"

"오늘 집에 가서 어머니에게 물어보세요. 어머니가 죽었다고 하는 것은 몸, 육신이 죽은 것이지 마음, 정신도 죽었답니까? 마음, 정신은 죽은 것이 아닙니다. 단, 눈에 보이지 않으니 죽었다고들 하는 것입니다. 마음은 원인, 몸은 결과에요. 인간 몸은 TV. 휴대폰과 같고 인간 마음, 정신은 전파와 같지요. TV, 휴대폰이 신품, 명품이라도 전파를 못 받으면 쓰레기기에 불가합니다. 인간 몸은 물질이기 때문에 영원히 존재할 수가 없어요. 가을이 되면 식물들이 죽고 나뭇잎들이 떨어지듯이 때가 되면 몸은 소멸하게 됩니다. 마음, 정신도 몸과 같이 죽었다면 당신이 목메어 불러도 대답이 없을 것이고, 몸은 죽었으나 마음, 정신은 죽지 않고 살아있다면 당신이 부르는 소리에 대답할 것입니다."

"말씀은 이해될 것 같은데 그래도 돌아가신 지 수십 년 된 분이 대답할까요?"

"집에 가서 불러보면 확인될 것이 아닙니까? 어머니를 불러 대화하는 방법은 여기 있으니 가지고 가서 이대로 불러보세요. 적어준 대로 정해진 시간, 정해진 기간을 해야 합니다. 하다가 힘들고 귀찮다고 안 하고 중단하면 안 됩니다. 그리고 적어 준 것을 잃어버리면 안 됩니다."

"예, 그것은 염려 마세요. 저는 양심대로 살려고 노력하고 약속은 칼같이 지키는 사람입니다. 저를 한번 대해본 사람은 저를 꼭 다시 찾아옵니다. 저는 양심과 약속으로 돈을 벌었습니다. 돈은 제가 노력한다고만 해서 버는 것이 아니고 남들이 저의 돈을 벌어줍니다. 문경 깊은 산속에서 화전 밭 일구며 살다가 어머니와 저를 키워준 아버지가 돌아가시고 여동생과 둘이서 서울에 올라와 참 고생 많이 했습니다. 제가 남에게 굽히고 아부 못 하는 성격이라 불량배들한테 매도 많이 맞았습니다. 그래서 카센터에서 일하면서 틈만 나면 운동을 배워 그 후로는 매 맞는 일 없고 지금은 어디를 가도 기죽지 않습니다."

"무슨 운동을 하셨습니까?"

"유도, 합기도, 검도를 배웠습니다. 자동차 고치는 기술을 배워 카센터를 운영하면서 돈을 많이 벌었고, 잠실 모래땅과 성남, 구리, 토평리 땅을 사 놓은 것이 세월이 흘러 발전되면서 재산을 많이 갖게 되었습니다. 70살이 가까운 제 나이에도 매달 몇 억씩 임대료가 나오니 여유 있게 삽니다. 딸 셋, 아들 둘이 모두 좋은 대학 나와 좋은 직장에 다니고 있습니다. 제가 이런 말 안 하는데 오늘 선생님을 뵈니 저의 부모님을 만난 것 같이 마음이 기쁘고 편합니다."

나는 이현오가 나를 믿고 가정사 이야기를 한 것을 진심이라고 생각하고 추가로 바른 대화 방법을 가르쳐 주었다. 이현오는 돌아가 약속대로 해서 돌아가신 자신의 어머니를 만나 대화했다. 자신의 진짜 성은 물론 어머니가 계신 곳도 가보았다고 했다.

이현오는 부모와 자식 간에도 못 믿어 불신하는 세상에서 양심대로 살고 남과의 약속을 칼 같이 지키는 신뢰와 정직성을 가지고 있었기에 돈을 벌고 먼저 간 부모님과도 대화할 수 있었다고 생각한다. 서로 속이고 이용하려는 불신세상에서 돈 벌고 행복하게 사는 길은 양심대로 살고 목숨과 같이 약속을 소중히 여기며 지키는 것이다. 지금이 돈 벌기 어려운 세상이라고 하지만, 한 치 앞일과 미래 일을 아는 사람에게는 돈 벌기 좋은 세상이고 행복하게 살 수 있는 세상이다.

이현오는 자신의 어머니와 대화한 후 많은 재산을 어려운 사람들에게 나누어 주고 시골로 내려가 수행에 전념하며 살고 있다. 이현오는 말했다.

"어머니와 대화를 해서 궁금한 것을 모두 알았습니다. 어머니는 먹을 것만 조금 남겨 놓고 어려운 사람들을 찾아 사람들 모르게 조용히 재산을 나누어주고 시골 산속에 들어가 농사짓고 수행하면서 살라고 하셨습니다. 어머니 말씀대로 법관 자식 2명을 데리고 같이 가려고 합니다. 법관은 양쪽 모두에게 다 잘해줄 수 없고 본의 아니게 원망을 만들어 내니 그런 일보다 남의 원망을 듣지 않는 일을 하라고 하셨습니다."

돌아가신 부모님과 대화를 하지 못한 사람은 이현오가 어려운 사람들을 직접 찾아 고생하며 어렵게 번 자신의 재산을 나누어 준 행동을 이해하지 못한다. 이기는 것만 좋아하는 세상에서 좋은 직장, 높은 자리에서 내려와 참고 양보하며 순리대로 생활하는 것을 이상하게 생각하고 왜 그렇게 하는지 궁금해한다.

이 세상에서 누리는 높은 권좌, 명예, 많은 재산보다 더 크고 귀하고 가치 있는 것을 보고 확인했기 때문에 돌아가신 부모님과 대화를 한 사람들은 그렇게 할 수 있는 것이라고 본다.

세상 모든 것은 3단계로 변화, 완성한다. 인간의 성장 과정도 마찬가지이다. 모태 속 태아의 삶이 1단계이고, 이 세상에 태어나 살아가는 것이 2단계 삶이고, 몸이 죽고 마음과 정신이 사는 세상이 3단계 삶이다. 인간의 행복과 불행, 진정한 자유와 평화는 3단계 삶에 있다.

이와 같은 과정을 모르고 자신의 앞일을 모르는 사람은 불빛 없는 캄캄한 곳에서 사는 것과 같고, 자신의 앞일을 보고 아는 사람은 밝은 태양 빛 아래에서 사는 것과 같다. 인류가 그토록 바라는 자유와 평화와 행복은 밝은 빛 아래에 있다.

이현오를 생각하면 어머니가 하신 말씀이 떠오른다.

"아들아, 개성완성이 얼마나 행복하고 좋은가를 보고 확인하게 되면 감동과 흥분이 되어 잠을 못 자고, 미완성이 얼마나 참혹하고 비극적인가를 보고 확인하게 되면 뼈마디가 녹아내리는 것 같은 괴로움과 고통으로 잠을 못 자게 된단다.

　3단계 삶을 자신의 눈으로 보고 확인하게 되면 선과 양심대로 살지 말라고 해도 선과 양심을 외면하고 동물 인간처럼 살 사람은 없을 거야. 지구상에 미사일, 핵무기, 분열과 대립, 종교 갈등과 전쟁은 3단계 삶을 눈으로 확인하지 못했기 때문에 생기는 일이란다. 3단계의 삶을 모르고 살았던 무지한 사람들은 육신의 삶을 전부로 알고 살기 때문에 가을이 되면 땅을 치고 후회하고 통곡한단다. 죽을 때 자신의 삶이 허무한 삶이었다는 것을 깨닫고 비로소 무지를 알게 되기 때문이야.

　아들아, 수행 정성을 하는 이유는 자신이 무지에서 깨어나기 위해서 하는 거란다. 무형에서 순행하는 기운과 영감, 지혜를 받고 인간답게 살기 위해서. 순리대로 순행하는 길이 수행에 있단다."

---

* 이현오에 관한 내용은 나의 다른 책 「생각하는 대로 된다-기적을 만들어 내는 부모의 힘」(2015, 개정증보판)에도 실려 있다.

| 에필로그 |

사람도 가려 만나야 한다

 한 치 앞에 닥칠 사고와 죽음을 모르는 사람은 반드시 남을 속이고 이용하고 배신하게 된다. 앞일을 모르는 사람은 남을 속이고 이용, 사기하지 않으려고 해도 본의 아니게 배신하는 삶을 살게 된다. 앞일을 모르는 사람은 가족과 자식, 후손들의 미래와 국가의 안정, 미래 발전을 위해 살려고 애쓰고 노력해도 가족과 자식, 후손들의 미래와 국가의 미래를 외면하는 결과를 낳게 된다.
 왜냐하면, 앞일을 모르는 사람은 눈에 보이는 것만을 위주로 살기 때문에 오직 먹고 배설하고 즐기는 향락만을 위한 삶을 살게 되기 때문이다. 그렇기에 앞일을 모르는 사람이 가족과 자식, 국가를 위한다며 하는 일들도 모두 서로에게 어려움과 고통을 주는 결과를 만들어 내게 된다. 음식을 가려 먹고 동물도 독초를 가려 먹듯이 인간도 가려서 만나야 한다. 한 치 앞일을 모르는 사람은 조심하고 경계해야 한다.

세상에는 6가지 형의 인간이 있다. 첫째, 하늘 같은 인간, 둘째, 땅(흙) 같은 인간, 셋째, 동물 같은 인간, 넷째, 세상에 꼭 있어야 하는 인간, 다섯째, 세상에 있으나 마나 한 인간, 여섯째, 세상에 태어나지 말았어야 하는 인간이다. 이런 인간을 알고 선별하는데 정확한 방법은 앞일을 아는 사람인지, 앞일을 모르는 사람인지 확인하는 것이다. 그런 다음, 믿고 가까이하면 속고 이용당하고 배신당하는 불행을 겪지 않는다. 동물은 가까이해서 손해 볼 일이 없지만, 사람은 가까이하면 반드시 해를 당하고 후회하게 된다.

수행한 것은 자랑하지 말아야 하고, 먼저 남들에게 가르쳐 주려고 하지 말아야 한다. 스스로 배우려고 애쓰고 노력하는 사람에게만 가르쳐 주어야 한다. 사람을 만나 가까이할 때 앞일을 아는 사람을 만나면 서로 약이 되고 귀한 인연이 되지만, 앞일을 모르는 사람을 만나면 독이 되고 악연이 된다. 앞일을 아는 사람끼리 부부가 되고 친구가 되면 서로가 바라는 것을 이루고 행복하게 된다. 그러나 앞일을 모르는 사람이 만나 행복하게 살기를 바라는 것은 상어와 고래가 사막에서 행복하게 살기를 바라는 것과 같다.

순리대로 살기만 하면 된다

세계인들이 무병 무사고로 부자로 살고 싶어서 믿고 학문과 기술을 배우며 열심히 노력해도 노력한 대로 행복하게 부자로 잘살지 못하는 이유는 오직 앞일을 모르는 무지, 그 한 가지 이유 때문이다. 앞에서도 말했듯이 앞일을 아는 방법은 순리에 있다. 사람이 순리대로 살면 앞일을 알게 된다. 순리는 가정과 학교에서 배울 것도 없다. 너무나 쉽고 단순하다.

먼 길을 가려고 저녁에 자동차 앞유리창을 깨끗이 닦았어도 밤새 눈이 내려 쌓이면 유리창으로는 앞이 잘 안 보인다. 이럴 때 앞유리창을 다시 닦으면 앞이 잘 보이는 것같이 순리를 알고 수행하며 살게 되면 아침에 잠자리에서 일어나 저녁이 될 때까지 있게 될 일이 보이고, 가족들에게 있게 될 일들도 알게 되고, 미래일까지 아는 지혜인으로 살아가게 된다.

옛날 사람들이 전파가 있는 것을 알지 못해 TV, 휴대폰 없이 불편하게 살았던 것처럼 현대인들도 순리가 있다는 것을 알지 못해 사고와 불행한 일, 가슴 아픈 일을 당하며 살고 어떤 병에 걸려 죽게 될지 몰라 불안, 공포, 걱정근심 속에서 살고 있어 가슴이 아프다.

이제는 거울 속에 자신의 얼굴을 보듯이 자신과 가족들의 앞일을 보고 고통과 불행, 걱정근심으로부터 해방되어 행복하게 살아야 한다. 순리를 배우고 순리대로 살기만 하면 된다.

앞일을 모르는 '무지'는 죄

앞일을 알게 되면 가난한 죄, 병으로 아픈 죄, 앞일을 몰라 사고와 불행한 일을 당하는 죄에서 졸업할 수 있다. 앞일을 알게 되면 인간이 황소같이 힘든 일 하고 불행한 일과 억울한 일을 당하며 살기 위해 태어난 것이 아니라는 것을 알게 된다. 그래서 나는 전국 학교에서 학생과 학부모들, 국가 공공기관과 종교단체, 회사, 외국에서도 강의할 때마다 '앞일을 모르는 무지는 죄'라고 강의한다.

또 '순리대로 살지 않으려거든 결혼을 하지 말고 자식을 낳지 말라'고 말한다. 그 이유는 자신이 한 말과 행동은 물려주지 않으려고 해도 모두 자식과 후손들에게 자연적으로 상속되기 때문이다. 아이들을 보면 그 부모의 선·악성을 알고, 그 조상 선조들의 선·악성까지 알 수 있다.

사람들이 믿든 안 믿든 관계없이 인간은 3단계 삶을 살게 된다. 모태 속에서는 인간 세상이 안 보이고 인간 세상에서는 무형세계가 안 보인다. 그러나 이제는 볼 수 있게 되었다. 지금까지는 짝사랑 편지만 보내 알지 못했으나 이제는 등기와 택배로 보내므로 보고 확인할 수 있게 되었다.

현재 인간은 기계보다, 쥐나 소보다도 앞일을 모르는 처지에서 살고 있다. 기계보다, 쥐나 소보다도 앞일을 모르는 무지로는 앞으로 인공지능 로봇과 일자리 경쟁에서 이기지 못한다. 경쟁에서 이기지 못하면 로봇의 노예가 되어 살거나 돈을 벌 길이 없어서 죽게 될 수도 있다. 자유, 평화, 행복은 힘없는 자, 무지한 사람의 것이 아니라 힘 있는 자, 지혜로운 사람의 것이다.

세계는 돈과 힘으로 통한다. 그렇기에 앞으로도 전쟁은 없어지지 않는다. 그러나 세계인 모두 다 좋아하는 것도 같고, 싫어하는 것도 같다. 평화를 싫어하고 전쟁을 좋아하는 사람이 있을까? 우리는 다 같이 행복하게 잘 살아야 한다. 앞일을 모르는 것이 죄라는 말은 아무리 반복해도 과하지 않다.

| 부록 |

인간은 창조적인 지혜를 가지고 있다

눈에 안 보이는 것은 없는 것일까?

사람들은 아무런 생각 없이 쉽게 다음과 같은 말을 한다.

"눈에 보이지 않는 것은 없다. 눈에 보이는 것도 못 믿는 세상인데 눈에 안 보이는 것을 어떻게 믿을 수 있나?"

나는 이런 말을 하는 사람에게 자신의 코와 입을 막아보라고 말한다. 공기가 눈에 안 보인다고 없다고 할 사람은 없을 것이다.

마음과 생각이 눈에 안 보인다고 없다고 하는 사람에게는 개똥, 소똥을 먹고 돼지우리, 닭장에 들어가 살아보라고 말한다. 마음과 생각, 정신이 없는 사람은 소똥, 개똥, 닭장, 돼지우리를 가리지 않는다. 휴대폰을 사용하면서도 전파가 눈에 안 보인다고 없다고 하는 사람에게는 TV, 휴대폰을 없애버리라고 말한다.

아니, 다 떠나서 눈에 안 보이는 것은 없다고 하는 사람과는 말을 해야 할 가치가 없다. 누구도 부정할 수 없는 것은 마음과 정신이 있다는 것이다.

과학자들은 인간이 만물의 주인이고 창조적인 능력을 갖춘 최고의 고등동물이라고 한다. 그러나 오늘날 쥐와 소보다도 앞일을 모르는 인간이 만물의 주인 역할, 창조적인 능력을 갖추고 살아가고 있다고 말할 수 있을까? 쥐는 수백, 수천 미터 땅속에서 땅이 무너질 것을 알고 대피한다. 그런데 인간은 모른다. 그래서 광부들이 땅굴 안에 들어갈 때 쥐를 가지고 들어간다.

소는 수백 가지 풀 중에 독초를 가려먹고 도살장 앞에서 눈물을 흘리며 안 들어가려고 버틴다. 그런데 인간은 잠시 후면 사고가 날 차, 배, 비행기를 타고, 잠시 후에 화재, 사고가 날 건물 안으로 들어가 불행한 일을 당한다. 쥐와 소보다도 자신 앞에 닥칠 사고와 죽음을 모르면서 인간은 쥐와 소를 보고도 부끄러운 줄 모른다.

앞일을 모르는 원인은 배움에 있다

휴대폰은 수백, 수천 개의 전화번호를 입력해도 인간이 생각하고 누르면 전화번호를 정확히 찾아내 보여준다. 내비게이션은 고속도로에 속도 카메라가 있는 것을 알고 미리 운전자에게 알려준다. 인간이 못 찾아가는 초행길도 내비게이션은 잘 찾아간다.

인간은 정말 소와 쥐보다 못하고 인간이 만든 기계보다 못한 존재인가? 그렇지 않다. 사실, 인간의 두뇌는 소와 쥐보다도 앞일을 잘 알고, 휴대폰 저장장치보다 더 영리하고 똑똑하다. 인간의 두뇌가 영리하고 광범위한 것은 휴대폰에 비할 바가 못 된다. 다만, 우리는 지금까지 광범위한 지식의 늪에 갇혀 상상력과 창의력이 뛰어난 지혜를 키우는 것을 배우지 않았고 그 방법을 몰랐다. 그러므로 어둡고 아둔한 두뇌를 만들어 힘들고 어렵게 살아왔다.

기계는 창조할 수 없다. 그 이유는 기계는 상상력과 창의력이 없기 때문이다. 그러나 인간에게는 상상력과 창의력이 뛰어난 지혜가 있다. 그래서 상상력과 창의력이 뛰어난 지혜를 개발하는 것을 배워야 한다.

인간이 쥐와 소보다도 앞일을 모르는 원인은 배움에 있다. 배우지 않았으니 모르고, 모르니 사용하지 않았다. 상상력과 창의력이 뛰어난 지혜를 찾아내 사용하면 앞일을 보고 아는 지혜로운 인간이 된다.

우리는 기나긴 역사를 내려오면서 전파가 있는 것을 몰라 TV, 휴대폰 없이 산 것처럼 '수행법'이 있다는 것을 몰랐고, 상상력과 창의력이 뛰어난 '지혜인이 되는 교육'이 있는 것도 몰랐다. 배우고 또 배워도 한 치 앞일을 모르는 지식, 문자만 배워왔다. 문자교육, 지식교육은 태어나서 죽을 때까지 배워도 한 치 앞일을 모른다. 인간에게 있어서 앞일을 아는 지혜는 공기와 같고 문자, 학문은 몸에 입는 옷과 같다. 공기는 인간에게 없어서는 안 될 생명줄이고, 옷은 소모품이다.

태양이 비추면 세상이 드러나 보인다

사람이 행복하게 살려면 한두 가지가 갖추어져서 행복할 수 없다. 건강, 돈, 가정, 자식, 부모, 직장 등 많은 부분이 어느 정도는 갖추어져야 행복하다고 할 수 있다. 이 많은 것들을 하나하나 찾아 이루어 행복하게 만들기란 많은 세월과 노력이 소요된다. 이 수십, 수백 가지를 몇 가지로 다 해결할 수 있는 것이 바로 수행이다.

수행하면 아둔한 두뇌도 상상력과 창의력이 뛰어난 지혜로운 두뇌가 된다. 수행을 심도 있게 하면 두뇌 속에 있는 어둡고 복잡한 생각들이 몸속에서 배설물과 가스가 빠져나가듯이 빠져나가 두뇌가 맑고 깨끗하게 된다. 두뇌가 맑고 깨끗하면 시력이 안 좋은 사람이 돋보기안경을 쓴 것처럼 안 보이던 앞일이 보인다. 따라서 자신이 생각하고 이루고 싶은 것들을 자연스럽게 찾아 얻을 수 있게 된다.

지구 위에 태양 빛이 없다면 어떤 일이 생기고, 태양 빛이 있다면 어떤 일이 생기는지를 생각하면 쉽게 이해될 것이다. 밝은 태양 빛이 먹구름에 가려 어두컴컴하던 날이 솔솔 부는 바람에 먹구름이 걷히고 푸른 하늘과 태양 빛이 드러나 세상을 환하게 비추면 자연적으로 세상의 모든 것이 드러나 보일 것이다.

수행하여 영감, 예감, 직감을 깨우고 앞일을 아는 것은 병원에서 X-Ray를 찍는 것과도 같다. 초음파로 인간 몸속의 구조와 모양을 알아내듯이 영감, 예감, 직감, 예지력이 사람의 앞일을 사진으로 찍듯 알아낸다. 영감, 예감, 직감, 예지력은 사람이 살아가는 앞일을 알아내는 역할을 한다.

수행하면 눈으로 보는 순간 세상 사람들의 생각과 속마음이 보이고 세상 모든 일이 보이게 되기 때문에 아침에 잠자리에서 일어나 저녁이 되기까지 있게 될 그 날의 일을 알게 되어 손해 보고 후회하는 일 없고 사고 없는 안전한 일만 하게 된다. 더 나아가 지혜는 내일일, 몇 달 후, 몇 년 후, 죽음 후의 일도 알 수 있다.

수행은 어떤 사람들이 하면 좋을까?

❶ 수행은 복잡한 일, 위험한 일을 하는 사람들이 하면 늘 편한 마음으로 일할 수 있다.

❷ 오늘, 내일, 올해, 내년에는 어떤 일이 생길지 자신의 앞일이 알고 싶고 궁금한 사람이 수행하면 자신의 앞일을 알기 때문에 궁금한 것이 없어진다. 앞일을 알게 해 주는 데는 수행보다 더 좋은 것은 없다.

❸ 세상에는 주식과 회사에 투자했다가 손해 보았다는 사람들이 많다. 이것만 보아도 앞일을 모른다는 것을 알 수 있다. 앞일을 아는 사람은 잠시 후 사고 날 차, 배, 비행기를 타지 않고, 화재와 사고로 죽게 될 건물 속으로 들어가지 않고, 주식과 부동산, 회사에 투자하여 손해 보거나 실패하지 않는다.

세계 돈은 주식에 다 있다. 주식은 올라가거나 내려간다. 피스톤처럼 반복하기 때문에 올라가거나 내려가는 것 두 가지만 알면 손해 볼 일은 없다.

❹ 학생들은 늘 중요한 시험 앞에 있다. 시험은 배운 것을 보는데도 배운 것이 생각이 나지 않아 시험에 떨어지는 학생들이 많다. 시험에 떨어지면 대다수 학생들은 배운 것을 또 배우러 학원에 간다. 그러나 배운 것을 두 번, 세 번 반복해서 배운다고 기억하여 시험에 합격하는 것은 아니다. 배운 것을 또 배우면 그만큼 두뇌가 어지럽고 복잡해져 마치 대형 창고에 물건들이 마구잡이로 가득 채워져 있는 것과 같이 된다. 필요한 물건을 가져다 쓰려면 찾기도 힘들고 꺼내 쓰기도 어렵다.

공무원, 기술 시험에 떨어진 사람을 학원으로 보내면 재시험에 떨어질 확률이 80~90%이고 사람 소리, 차 소리 안 들리는 곳에 가서 수행을 12일~1개월만 하면 100% 합격한다. 이것은 많은 학생들을 직접 실험해 본 결과이다.

수행은 두뇌를 맑고 깨끗하게 하여 정리하는 효과가 있다. 배운 것이 생각이 안 나서 찾아 쓰지 못하는 복잡한 두뇌는 정리부터 해야 한다. 정리하지 않고 배운 것을 또 배우고 또 배우면 두뇌는 점점 더 복잡하고 어둡고 둔해진다.

로봇과의 경쟁에서 이기는 길

가정과 회사, 조직에 앞일을 모르는 둔재만 있으면 망한다. 그래서 똑똑한 부모들은 자식을 지혜롭게 만들기 위해 자신이 가진 전부를 투자해 가르친다. 앞으로 세상은 인간이 할 일이 없어서 돈을 못 벌고, 돈이 없으니 먹을 것을 구할 수 없어서 죽는 자가 많은 세상이 된다. 어떤 무지한 사람들은 '돈을 못 벌면 나라가 먹여 살려주겠지.'라고 말한다. 그러나 나라의 돈은 국민이 낸 세금이다. 국민 한 사람, 한 사람이 돈을 못 버는데 어떻게 세금을 낼 것인가?

세계인 그 누구도 앞으로 다가올 로봇 세상에서 인공지능 로봇과의 생존경쟁을 피할 수 없다. 한 치 앞에 닥칠 사고와 죽음을 모르는 무지로는 인공지능 로봇과의 생존경쟁에서 살아남을 수 없다. 지능로봇을 이기는 길과 방법도 '수행'이고 '지혜 교육'이다.

나는 1. 가난하게 사는 것은 죄다. 2. 병으로 아프고 병으로 단명하는 것은 죄다. 3. 한 치 앞에 닥칠 사고와 죽음을 모르는 것보다 더 큰 죄는 없다고 말한다. 이 세 가지 죄에서 벗어날 수 있는 길은 '수행'이고 '지혜 교육'이다.

행복하게 사는 길이 순리에 있다

우리는 불행하게 살기 위해 세상에 태어난 것이 아니다. 행복하게 살기 위해 태어난 것이다. 개인의 행복은 가정에 있고, 가정의 행복은 사회에 있고, 사회의 행복은 국가에 있고, 국가의 행복은 세계에 있고, 세계의 행복은 대자연과 우주, 하늘에 있다.

유형과 무형세계는 모두 돌고 또 돌고 있다. 땅속에서 솟아나는 물은 끝없이 흘러가고 지구와 태양은 멈추지 않고 끝없이 돌고 있다. 인간의 부귀영화도 돌고 돈다. 영원한 부자도 영원한 가난한 자도 없다. 영원한 영웅 황제도 없고 영원한 노숙자, 노예도 없다.

오늘의 강자는 내일의 약자가 된다. 오늘 내가 힘으로 약자를 치면 내일은 내가 당하게 되고 자식과 후손들이 당하게 된다. 남을 물속으로 떠밀면 떠미는 자의 몸에도 그 물이 튀어 옷이 젖는 것처럼 남에게 어려움과 고통을 주면 그 고통이 나에게로 돌아온다. 나와 내 가족이 행복하게 사는 길은 순리대로 살고 남을 돕고 위하며 사는 것이다.

공기, 물, 땅의 주인이 공기, 물, 땅을 안 준다면

과학기술이 위대하다고 사람들은 말하지만, 지구와 우주 앞에 인간의 과학기술이란 태풍 앞에 촛불과 같은 것일 뿐이다. 지금은 고마움을 모르고 공짜로 먹고 편리하게 사용하지만, 공기의 주인, 물의 주인, 땅의 주인이 인간들이 순리대로 생각하지 않고 살지도 않기 때문에 그동안 무상으로 사용하게 해 주었던 공기와 물, 땅의 사용료를 인간들에게 받겠다고 하면 어떻게 될까?

인간들이여 큰일 났다. 공기, 물, 땅의 주인이 순리대로 사는 인간에게는 저렴한 가격에 공기와 물, 땅을 사용하게 해주고, 순리를 외면하고 사는 인간에게는 공기와 물, 땅을 주지 않거나 아주 고가의 돈을 받을 계획이라고 한다.

세계 70억 인류여 큰일 났다. 공기와 물의 주인이 공기와 물을 안 주면 어떻게 살까? 또 값을 많이 받으면 어떻게 할까? 지구의 주인이 땅을 사용 못 하게 하면 인간들은 어디에 가서 살까? 달나라에 가서 살아야 하나.

인간들이 그동안 공기와 물, 땅의 주인에게 고맙다고 말하지 않고 공기와 물을 오염시키고 쓰레기를 땅에 묻고 미사일, 핵무기를 만들어 땅을 파괴하기 때문에 공기, 물, 땅의 주인이 화가 났다. 공기, 물, 땅 주인의 화를 풀어 드리고 노여움을 풀어 드리는 방법은 미사일, 핵무기를 만들지 않고 서로 죽이지 말고 서로 돕고 위하여 사는 길뿐이다. 그러면 공기, 물, 땅의 주인도 예전처럼 공기, 물, 땅을 무상으로 사용하게 해 주신다고 하신다.

이제 순리대로 살 것인지, 역행하며 살 것인지를 결정해야 한다. 지구촌에서 공기, 물 없이 살 생명체가 있을까? 지구 땅을 밟지 않고 살 생명체가 있을까? 나의 고민은 또 깊어져 간다.

마음, 정신은 무에서 유를 창조한다

인간이 한 치 앞에 닥칠 사고와 죽음도 모르면서 세상 모든 것과 세상 이치를 안다고 말하는 것은 교만이고 자만이다. 인간이 정확하게 아는 것이란 먹고 배설하고 잠자는 것과 번식하는 것이다. 인간이 만든 비행기, 휴대폰은 망가지면 인간이 고칠 수 있다. 그러나 인간은 인간이 만들지 않았다. 인간이 아무리 오랜 기간 연구하고 배워도 인간에 대해 다 알 수 없고 인간을 고칠 수 없다. 인간을 고칠 수 있는 것은 인간을 만든 자만이 고칠 수 있다.

인간에게 가장 소중한 것은 생명이고 자신의 앞일을 아는 것이 가장 중요하다. 가장 소중하고 중요한 것을 외면, 무시하고 세상일을 안다고 하는 것은 아무 의미가 없다. 두 눈으로 세상을 보지 못하는데 세상을 안다고 하는 것이 무슨 소용이 있을까?

세상에 모든 것을 머리와 입으로는 알 수 없다. 그 이유는 세상 모든 것을 알기에는 인간의 수명이 너무 짧기 때문이다. 그 모두를 눈으로 보고 확인할 시간이 없다. 인간의 수명은 짧고, 세상은 넓고 복잡 다양하기 때문에 머리로 알고, 눈으로 보고, 손으로 만져서 확인하기에는 한계가 있다. 세상을 아는 것은 가슴으로 해야 한다. 가슴으로 느끼고 가슴으로 확인해야 한다.

세상 진리라고 하는 것은 어렵고 복잡한 것이 아니고, 쉽고 단순한 것이다. 쉽고 단순한 것, 변하지 않는 것이 세상 진리와 가치의 답이다. 변하는 것은 진리와 가치가 될 수 없다. 태양과 달이 변한다면 태양과 달이 될 수 없고 공기와 물이 변한다면 가치 있는 것이 될 수 없다.

인간의 머리로 알 수 있는 것은 허상이지만 가슴으로 아는 것은 진실이고 무한하다. 그리고 정확하다. 마음, 정신이란 무에서 유를 창조하는 위력을 발휘하게 된다. 이제 지혜의 시대다. 앞일을 아는 지혜를 갖지 않고는 살 수 없는 시대다. 지혜는 눈에 보이지 않는 원인, 무형 속에 있다.

흘러간 물이 다시 돌아올 수 없듯이 인생도 소년, 청년, 장년이 지나가면 영영 다시 돌아올 수 없다. 돈, 시간, 인생 낭비는 그만하고 헛되게 살지 말아야 한다. 육신이 죽을 때 눈물 흘리고 후회하지 않도록 살아야 한다. 미완성은 불행이고 소멸이지만, 완성은 행복이고 영원히다.

≪ 생각해 봅시다 ≫

* 앞일을 아는 사람은 가정과 사회, 노약자들을 사랑으로 다스리고, 앞일을 모르는 사람은 가정과 사회, 노약자들을 노예 취급하고 힘으로 다스린다.

* 남을 속이고 이용사기하고 해치며 살던 사람이 저 세상에 먼저 간 부모·형제를 만나 대화하면 가정과 사회, 노약자들을 높이 존경하고 받들며 산다. 무엇을 보고 무슨 대화를 했기에 악인이 선인이 되어 살게 될까?

* 부모가 남을 속이고 이용사기하고 해치면 그의 자식과 후손들은 목숨으로 부모의 빚을 갚는다.

* 앞일을 아는 부부는 서로의 가슴속에 부끄러움과 비밀이 없는 것을 자랑하고, 앞일을 모르는 부부는 서로의 가슴속에 부끄러움과 비밀이 많은 것을 자랑한다.

* 앞일을 보고 아는 사람은 잠시 후 사고로 죽게 될 차, 배, 비행기를 타지 않고, 속이고 배신할 사람을 친구나 결혼 배우자로 선택하지 않고, 손해 보고 실패할 주식과 부동산에 투자하지 않고, 손해 보고 망할 사업을 시작하지 않고, 노예같이 힘든 일 하며 가난하게 살지 않는다.

* 앞일을 아는 사람은 세상과 남을 원망하거나 비방하지 않는다.

* 선인은 남의 잘못도 자신의 잘못으로 생각하고, 악인은 자신의 잘못도 남의 잘못으로 돌린다.

* 선인은 은혜를 목숨으로 갚고 악인은 은혜를 원수로 갚는다.

* 개인의 행복은 가정에 있고, 가정의 행복은 사회에 있고, 사회의 행복은 국가에 있고, 국가의 행복은 세계에 있고, 세계의 행복은 하늘에 있다.

내일도, 미래도, 행복도 보인다

초판 1쇄 발행_ 2020년 1월 7일

지은이_ 일월
펴낸이_ 김선곤
편집·디자인_ 해바람 Design
인쇄_ 넥스트프린팅

펴낸곳_ 정환
주소_ 대전광역시 동구 백룡로22번길 16, 301
전화_ 070-7562-5375
팩스_ 02-6974-1504
등록번호_ 제324-2013-000002호 (2013년 1월 8일)

ISBN 978-89-98748-02-9 03810
정가 17,000원

ⓒ 2020 일월
이 책의 저작권은 저자에게 있습니다.
이 책은 저작권법에 따라 보호를 받는 저작물이므로 무단 전재와 복제를 금합니다.
잘못된 책은 구매하신 서점에서 교환해 드립니다.

이 도서의 국립중앙도서관 출판예정도서목록(CIP)은 서지정보유통지원시스템 홈페이지
(http://seoji.nl.go.kr)와 국가자료종합목록 구축시스템(http://kolis-net.nl.go.kr)에서 이용
하실 수 있습니다. (CIP제어번호 : CIP2019050566)